2023 年全国干线公路交通情况报告

交通运输部规划研究院　编著

人民交通出版社

北京

内 容 提 要

本报告全面反映 2023 年全国干线公路交通情况特征,分为综合篇、专题篇和附录,共 11 章,2 个附录,内容涵盖总体交通情况、高速公路交通情况、普通国道交通情况、普通省道交通情况、交通量时间特征、通道及路段交通特征、主要城市群交通特征,以及长假期路网交通情况、国家综合立体交通网主骨架公路网交通情况、近五年全国干线公路交通情况、典型省份公路交通情况。

本报告既可为交通基础设施规划、建设和运营管理提供基础数据支持,也可为各级交通运输管理部门和公路投资运营者提供决策依据,同时还可作为国内各界了解我国干线公路交通情况的权威资料。

图书在版编目(CIP)数据

2023 年全国干线公路交通情况报告/交通运输部规划研究院编著. —北京:人民交通出版社股份有限公司,2024.11. —ISBN 978-7-114-19280-7

Ⅰ. U412.1

中国国家版本馆 CIP 数据核字第 202419VZ23 号

书　　名:**2023 年全国干线公路交通情况报告**
著 作 者:交通运输部规划研究院
责任编辑:李　佳　绳晓露
责任校对:龙　雪
责任印制:刘高彤
出版发行:人民交通出版社
地　　址:(100011)北京市朝阳区安定门外外馆斜街 3 号
网　　址:http://www.ccpcl.com.cn
销售电话:(010)85285857
总 经 销:人民交通出版社发行部
经　　销:各地新华书店
印　　刷:北京交通印务有限公司
开　　本:787×1092　1/16
印　　张:6
字　　数:94 千
版　　次:2024 年 11 月　第 1 版
印　　次:2024 年 11 月　第 1 次印刷
书　　号:ISBN 978-7-114-19280-7
定　　价:100.00 元

(有印刷、装订质量问题的图书,由本社负责调换)

编 写 组

主　　编：王英平　邢丽峰　撒蕾
主　　审：刘昕　金敬东　肖春阳
成　　员：
交通运输部规划研究院：

　　　　　　张金萌　袁　锐　王　鑫　王立峥　张路凯
　　　　　　王嘉逸　张龙涛　李振宇　徐志远　陈　琨
　　　　　　章稷修　李轶舜　邢宇鹏　谢浩明　夏庆杨
　　　　　　鲁　迪　刘　哲　黄煌钦

山西省：

　　　　　　赵振伟　张福全　王　晋　闫楠楠

辽宁省：

　　　　　　杨　旭　袁　跃

江苏省：

　　　　　　高　宁　陈　梅　程鹏飞　朱　瑶　孙　满
　　　　　　陈　昱　黄宗杰　刁含楼

陕西省：

　　　　　　南争伟　马　甲　孙　桥

新疆维吾尔自治区：

　　　　　　魏新良　卓建煜　路　军　温育新　李建军
　　　　　　闫桓硕　崔　盼　阿依拉拉·艾克拜

编 写 说 明

在交通运输部综合规划司领导下,本报告由交通运输部规划研究院组织编写,交通运输部规划研究院信息所承担具体编写任务。

本报告旨在从宏观上分析2023年全国干线公路交通情况及其特征,为公路基础设施规划、建设和运营提供数据支持,为各级交通运输主管部门提供决策依据。报告分为综合篇、专题篇和附录。综合篇概括了2023年全国干线公路总体交通情况,从路网的空间特性和时间特性两个角度分析了全国干线公路的交通量、速度、交通组成、服务水平、时间特征、路线特征和区域特征等内容。专题篇分析了长假期路网交通情况、国家综合立体交通网主骨架公路网交通情况、近五年全国干线公路交通情况以及典型省份公路交通情况。附录包括数据采集情况和计算方法。

本报告中的干线公路包括高速公路、普通国道和普通省道,其中高速公路包括国家高速公路和地方高速公路。报告选取全国干线公路自动化交通调查站监测数据进行分析,交通量除说明外,均为机动车日均断面当量,单位:pcu/日。

本报告数据不包括香港特别行政区、澳门特别行政区和台湾省的数据。本报告中符号"—"表示没有该项数据或该数据不详。

主要指标解释及说明

干线公路:指在公路网中起骨架作用的公路,包括高速公路、普通国道和普通省道。

交通量:又称交通流量、车流量。指单位时间内通过公路某断面的车辆数。

v/C:指基准条件下,最大服务交通量与基准通行能力之比。

服务水平:依据《公路工程技术标准》(JTG B01—2014)采用 *v/C* 值作为服务水平评价指标,服务水平分为六级。

基准通行能力:指《公路工程技术标准》(JTG B01—2014)规定的五级服务水平条件下对应的最大小时交通量。

在途车辆数:指某一时段在公路网上行驶的车辆总数。

行驶量:指路网交通量与公路里程的乘积,单位:万车(pcu)·km/日。

行程车速:指车辆驶过道路某一区间的里程与驶过该区间所用总时间(运行时间)的比值。

地点车速:指车辆通过道路某一地理位置时的速度。

交通组成:指在交通流中各类车辆的数量及其所占百分比。

交通调查:指对选定公路路段的交通流量及其特性的调查。通过交通调查可掌握公路网、各路线、各路段交通流量的大小、组成、时间分布、空间分布、道路拥堵状况等特性。

交通调查站:指设在公路沿线特定地点监测交通量的设施。

目　　录

综　合　篇

专 题 篇

附　　录

综合篇

第 1 章　总体交通情况

1.1　交通量总体情况

2023 年全国干线公路交通量为 14113pcu/日,比 2022 年增长 13.8%;分道路等级来看,高速公路交通量为 27323pcu/日,比 2022 年增长 13.3%;普通国道交通量为 12207pcu/日,比 2022 年增长 14.6%;普通省道交通量为 10676pcu/日,比 2022 年增长 12.1%。

2023 年全国干线公路在途车辆数为 12788 万辆/日,比 2022 年增长 17.5%;分道路等级来看,高速公路在途车辆数为 3850 万辆/日,比 2022 年增长 26.7%;普通国道在途车辆数为 3995 万辆/日,比 2022 年增长 14.7%;普通省道在途车辆数为 4943 万辆,比 2022 年增长 13.4%。

2023 年全国干线公路行驶量为 1187296 万车(pcu)·km/日,比 2022 年增长 15.9%;分道路等级来看,高速公路行驶量为 501885 万车(pcu)·km/日,比 2022 年增长 17.3%;普通国道行驶量为 319534 万车(pcu)·km/日,比 2022 年增长 15.5%;普通省道行驶量为 365877 万车(pcu)·km/日,比 2022 年增长 14.3%。

1.2　交通运行情况

2023 年全国干线公路地点车速为 62.4km/h,比 2022 年增长 1.5%;高速公路地点车速为 87.2km/h,比 2022 年增长 1.4%;普通国道地点车速为 54.1km/h,比 2022 年增长 0.4%;普通省道地点车速为 54.3km/h,比 2022 年增长 0.6%。2023 年全国干线公路春节、劳动节、"中秋国庆"假期期间地点车速分别为 65.56km/h、62.22km/h、62.38km/h,分别较节前五天增长 0.04%、0.35%、0.61%。

2023 年全国干线公路 v/C 为 0.466,比 2022 年增长 9.6%;高速公路 v/C 为 0.395,比 2022 年增长 7.6%;普通国道 v/C 为 0.523,比 2022 年增长 11.5%;普通省道 v/C 为 0.466,比 2022 年增长 8.9%。2023 年全国干线公路春节、劳动节、"中秋国庆"假期期间 v/C 值分别为 0.373、0.554、0.530,分别较节前五天下降 9.4%、增长 16.4%、增长 6.6%。

1.3 路网分布情况

从交通量指标来看,2023 年高速公路交通量高于普通国道和普通省道,分别是普通国道、普通省道的 2.2 倍、2.6 倍。高速公路大流量路段比例较高,大于 55000pcu/日的路段占观测里程的 10.5%,普通国道和普通省道占比分别为 1.1% 和 1.0%。

从交通组成看,高速公路、普通国道和普通省道中小客车占比分别为 68.8%、65.2% 和 70.0%,中小客车占比整体呈现逐渐上升趋势。高速公路、普通国道和普通省道特大型货车占比分别为 11.1%、12.4% 和 8.8%,高速公路重载交通占比总体呈下降趋势,普通国道和普通省道总体呈上升趋势。

从行驶量指标来看,高速公路作为公路网的主骨架,承担全国干线公路 42.3% 的行驶量,在整个公路运输体系中发挥重要作用;普通国道、普通省道分别承担全国干线公路 26.9%、30.8% 的行驶量;县乡道作为集散公路,平稳有序地保障车辆外通内联。

1.4 区域分布情况

2023 年,东、中、西部地区的干线公路交通量分别为 23328pcu/日、13990pcu/日、7788pcu/日,分别较 2022 年增长 12.4%、14.5%、16.8%(表 1-1);行驶量分别为 498899 万车(pcu)·km/日、354950 万车(pcu)·km/日、333447 万车(pcu)·km/日,分别较 2022 年增长 15.2%、15.0%、18.0%。

2023 年,东、中、西部地区的干线公路 v/C 分别为 0.563、0.474、0.342,分别较 2022 年增长 11.0%、11.5%、7.9%。

2023 年东、中、西部地区干线公路交通量及变化情况　　　　表 1-1

道路类型	东部		中部		西部	
	交通量（pcu/日）	同比变化率（%）	交通量（pcu/日）	同比变化率（%）	交通量（pcu/日）	同比变化率（%）
干线公路	23328	12.4	13990	14.5	7788	16.8
高速公路	35827	12.2	27744	13.6	16614	17.3
普通国道	21925	12.6	12764	15.8	7213	16.7
普通省道	18130	12.0	8476	13.0	5160	14.9

1.5　时间变化情况

2023 年全国干线公路交通量保持平稳高位运行。7—10 月为运输旺季，交通量高于全年平均水平。随着"乙类乙管"措施落地见效，"补偿式"返乡出行及旅游出行需求旺盛，春节假期、劳动节假期、"中秋国庆"假期交通量与 2022 年同期相比，分别增长 14%、41%、18%。全年三个明显峰值为 4 月 29 日、9 月 28 日和 9 月 29 日，交通量分别为 17662pcu/日、17125pcu/日、17097pcu/日，分别是年平均交通量的 1.25 倍、1.21 倍、1.21 倍。2022 年、2023 年全国干线公路交通量变化情况如图 1-1 所示。

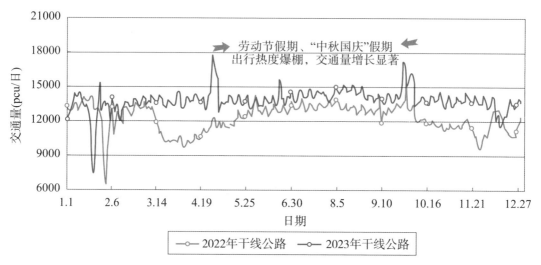

图 1-1　2022 年、2023 年全国干线公路交通量变化情况

第 2 章　高速公路交通情况

2.1　交　通　量

（1）2023 年高速公路交通量显著增长。

2023 年高速公路交通量为 27323pcu/日，比 2022 年增长 13.3%。在途车辆数为 3850 万辆/日，比 2022 年增长 26.7%。行驶量为 501885 万车（pcu）·km/日，比 2022 年增长 17.3%。

2022 年和 2023 年高速公路交通量情况见表 2-1，2022 年和 2023 年高速公路在途车辆数情况见表 2-2。

2022 年和 2023 年高速公路交通量情况　　　　表 2-1

年份	客车（pcu/日）	货车（pcu/日）	机动车（pcu/日）
2022 年	9631	14495	24126
2023 年	13098	14225	27323
增长率（%）	36.0	-1.9	13.3

2022 年和 2023 年高速公路在途车辆数情况　　　　表 2-2

年份	客车（万辆/日）	货车（万辆/日）	机动车（万辆/日）
2022 年	1845	1194	3039
2023 年	2594	1256	3850
增长率（%）	40.6	5.2	26.7

（2）高速公路大交通量路段占比较高。

2023 年高速公路交通量大于 55000pcu/日的路段主要集中在京津冀、长三角、珠三角、中原城市群、成渝双城经济圈部分路段。交通量大于 15000pcu/日的路段占观测里程的 59.4%，比 2022 年增长 3.4 个百分点；交通量在 2000 ~ 15000pcu/日之间的路段占观测里程的 38.4%，比 2022 年下降 1.4 个百分点；交通量小于 2000pcu/日的路段占观测里程的 2.2%。2023 年高速公路分级交通量里程占比如图 2-1 所示,2022 年、2023 年高速公路分级交通量里程占比见表 2-3。

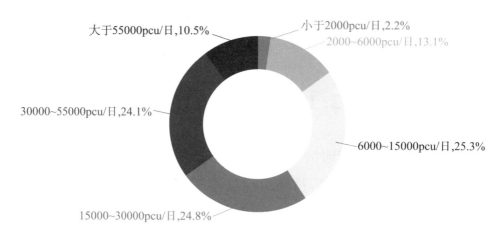

图 2-1　2023 年高速公路分级交通量里程占比

2022 年、2023 年高速公路分级交通量里程占比(%)　　　　　　　　表 2-3

年份	分级交通量里程(pcu/日)							
	>80000	(55000,80000]	(30000,55000]	(15000,30000]	(6000,15000]	(2000,6000]	(400,2000]	≤400
2022 年	2.4	5.6	21.8	26.2	24.4	15.4	3.9	0.3
2023 年	3.7	6.8	24.1	24.8	25.3	13.1	2.0	0.2

2.2　速　　度

(1)高速公路地点车速整体呈增长趋势。

2019—2023 年高速公路地点车速变化如图 2-2 所示,机动车地点车速整体呈上升趋势。2019 年机动车地点车速为 84.6km/h,其中客车 88.7km/h、货车 74.8km/h。2023 年机动车地点车速增长至 87.2km/h,其中客车 91.3km/h、货车 76.7km/h。

(2)高速公路 1 月份地点车速全年最高。

2023 年高速公路地点车速月度变化如图 2-3 所示。客货车地点车速各月变化趋势均较为平稳,其中,货车各月地点车速在 77.0km/h 周围波动,客车各月地点车速在 91.6km/h 周围波动。

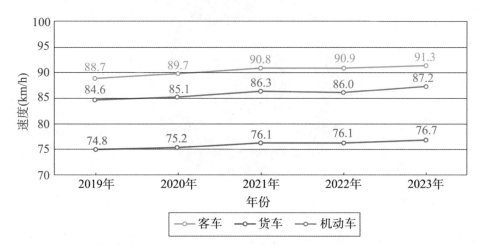

图 2-2　2019—2023 年高速公路地点车速变化

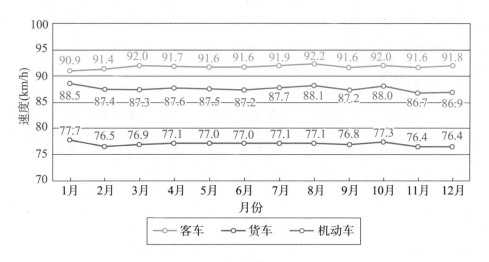

图 2-3　2023 年高速公路地点车速月度变化

2.3　交 通 组 成

2023 年高速公路汽车交通量(自然数)交通组成如图 2-4 所示。客车交通量占比为 71.1%,其中,中小型客车占比达 68.8%,比 2022 年增长 6.3 个百分点,大型客车占比 2.3%,与 2022 年持平;货车交通量占比 28.9%,其中特大型货车占比最大,达 11.1%,比 2022 年下降 3.7 个百分点。

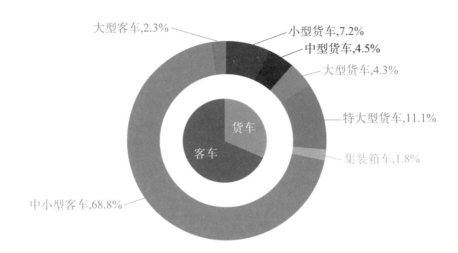

图 2-4　2023 年高速公路汽车交通量（自然数）交通组成

从 2013—2023 年高速公路汽车交通量（自然数）交通组成（表 2-4）中可以看出，2013—2023 年客车交通量占比整体呈增长趋势，货车交通量占比逐年下降。从客车组成来看，中小型客车占比从 2013 年的 51.9% 波动增长至 2023 年的 68.8%，大型客车占比呈下降趋势；从货车组成来看，小型货车占比呈增长趋势，其他类型货车占比呈下降趋势。

2013—2023 年高速公路汽车交通量（自然数）交通组成（%）　　表 2-4

年份	小型货车	中型货车	大型货车	特大型货车	集装箱车	中小型客车	大型客车
2013 年	6.6	9.2	6.5	15.6	4.0	51.9	6.2
2014 年	5.9	6.7	5.4	16.7	3.3	56.9	5.1
2015 年	6.2	6.6	5.2	15.1	2.1	60.4	4.4
2016 年	6.8	6.0	5.4	13.8	2.0	62.4	3.6
2017 年	6.7	5.3	4.6	14.2	2.2	63.7	3.3
2018 年	6.7	5.2	4.5	14.1	2.0	64.3	3.2
2019 年	6.8	5.1	4.5	13.4	1.9	65.4	2.9
2020 年	7.4	4.9	4.4	14.1	1.9	64.9	2.4
2021 年	7.6	5.1	4.3	12.8	2.1	65.9	2.2
2022 年	7.6	5.3	5.2	14.8	2.3	62.5	2.3
2023 年	7.2	4.5	4.3	11.1	1.8	68.8	2.3

2.4　服　务　水　平

本书采用 v/C 值描述道路的饱和程度。2023 年高速公路 v/C 值为 0.395，比 2022 年增长 7.6%。春节、劳动节、"中秋国庆"假期间 v/C 值分别为 0.430、0.597、0.582，分别较节前五天增长 5.0%、49.4%、34.8%。

2023 年高速公路处于"一级服务水平"和"二级服务水平"的路段占观测里程的 73.5%，比 2022 年下降 3.7 个百分点。处于"五级服务水平"及以下的路段占观测里程的 8.7%，比 2022 年增长 1.2 个百分点。

2023 年高速公路不同等级服务水平里程占比如图 2-5 所示。

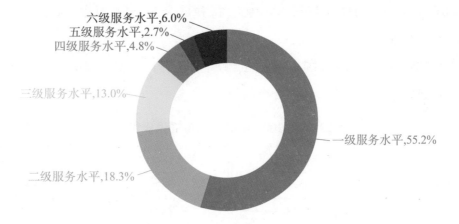

图 2-5　2023 年高速公路不同等级服务水平里程占比

第 3 章　普通国道交通情况

3.1　交　通　量

（1）2023 年普通国道交通量显著增长。

2023 年普通国道交通量为 12207pcu/日，比 2022 年增长 14.6%。在途车辆数为 3995 万辆/日，比 2022 年增长 14.7%。行驶量为 319534 万车（pcu）·km/日，比 2022 年增长 15.5%。

2022 年和 2023 年普通国道交通量情况见表 3-1，2022 年和 2023 年普通国道在途车辆数情况见表 3-2。

2022 年和 2023 年普通国道交通量情况　　　　　　表 3-1

年份	客车（pcu/日）	货车（pcu/日）	机动车（pcu/日）
2022 年	4445	5479	10653
2023 年	5158	6302	12207
增长率（%）	16.0	15.0	14.6

2022 年和 2023 年普通国道在途车辆数情况　　　　　　表 3-2

年份	客车（万辆/日）	货车（万辆/日）	机动车（万辆/日）
2022 年	1967	1075	3482
2023 年	2299	1226	3995
增长率（%）	16.9	14.0	14.7

（2）普通国道交通量在 6000～15000pcu/日的路段占比最高。

2023 年普通国道交通量在 2000～15000pcu/日之间的路段占观测里程的 61.2%，比 2022 年下降 2.2 个百分点；交通量大于 15000pcu/日的路段占观测里程的 28.6%，比 2022 年增长 5.8 个百分点；交通量小于 2000pcu/日的路段占观测里程的 10.2%。2023 年普通国道分级交通量里程占比如图 3-1 所示，2022 年和 2023 年普通国道分级交通量里程占比见表 3-3。

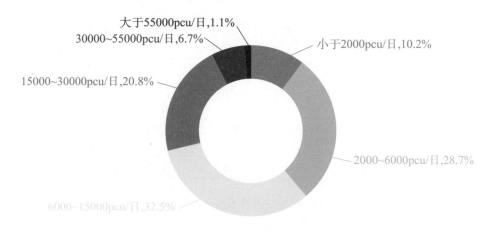

图 3-1　2023 年普通国道分级交通量里程占比

2022 年和 2023 年普通国道分级交通量里程占比（%）　　表 3-3

年份	分级交通量里程（pcu/日）							
	＞80000	(55000,80000]	(30000,55000]	(15000,30000]	(6000,15000]	(2000,6000]	(400,2000]	≤400
2022 年	0.3	0.5	5.3	16.7	32.0	31.4	13.1	0.7
2023 年	0.3	0.8	6.7	20.8	32.5	28.7	9.7	0.5

3.2　速　　度

（1）普通国道地点车速持续增长。

2019—2023 年普通国道地点车速变化如图 3-2 所示，机动车地点车速持续增长。2019 年机动车地点车速为 52.4km/h，其中客车 55.7km/h、货车 50.7km/h。2023 年机动车地点车速增长至 54.1km/h，其中客车 57.6km/h、货车 52.3km/h。

（2）普通国道 1 月份地点车速全年最高。

2023 年普通国道地点车速月度变化如图 3-3 所示。客、货车地点车速变化趋势基本一致，客车在 5 月、6 月达到最高值 57.8km/h，货车在 1 月达到最高值 53.3km/h。

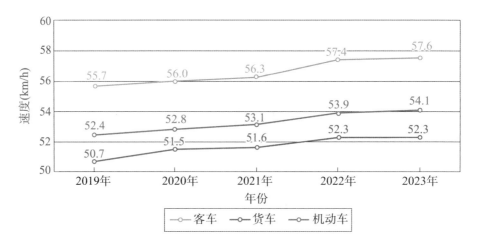

图 3-2　2019—2023 年普通国道地点车速变化

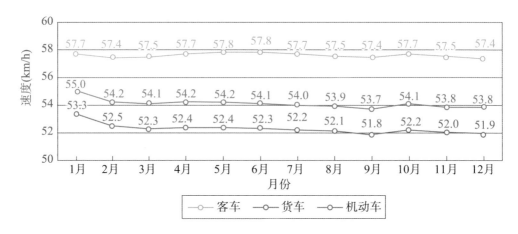

图 3-3　2023 年普通国道地点车速月度变化

3.3　交 通 组 成

2023 年普通国道汽车交通量(自然数)交通组成如图 3-4 所示。客车交通量占比为 67.4%,其中,中小型客车占比达 65.2%,比 2022 年增长 0.7 个百分点,大型客车占比 2.2%,与 2022 年下降 0.1 个百分点;货车交通量占比为 32.6%,其中特大型货车、小型货车占比较大,分别为 12.4%、10.5%。

从 2013—2023 年普通国道汽车交通量(自然数)交通组成(表 3-4)中可以看出,2013—2023 年客车交通量占比整体呈增长趋势,货车交通量占比逐年下降。从客车组成来看,中小型客车占比整体呈现增长趋势,从 2013 年的 53.4% 增长到 2023 年的 65.2%;但大型客车占比逐年下降。从货车组成来看,特大型货车占比呈增长趋势,其他类型货车占比呈下降趋势。

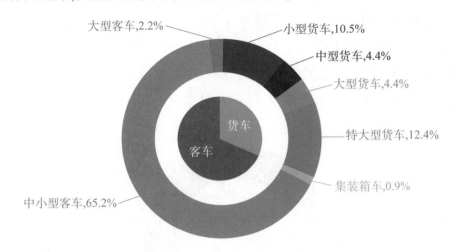

图 3-4　2023 年普通国道汽车交通量(自然数)交通组成

2013—2023 年普通国道汽车交通量(自然数)交通组成(%)　表 3-4

年份	小型货车	中型货车	大型货车	特大型货车	集装箱车	中小型客车	大型客车
2013 年	12.8	10.5	5.5	9.3	2.2	53.4	6.3
2014 年	12.3	9.3	5.4	8.7	1.9	56.3	6.1
2015 年	12.4	7.9	5.1	8.5	1.6	58.9	5.6
2016 年	11.3	7.1	4.8	9.5	1.6	61.0	4.7
2017 年	11.3	6.4	4.7	9.6	1.2	62.9	3.9
2018 年	11.1	6.1	4.7	10.1	1.2	63.3	3.5
2019 年	10.9	5.9	4.7	10.2	1.1	63.9	3.3
2020 年	11.0	5.3	5.0	11.5	1.0	63.5	2.7
2021 年	10.8	5.0	5.0	12.9	1.0	62.8	2.5
2022 年	11.0	4.6	4.7	12.0	0.9	64.5	2.3
2023 年	10.5	4.4	4.4	12.4	0.9	65.2	2.2

3.4　服务水平

2023 年普通国道 v/C 值为 0.523,比 2022 年增长 11.5%。春节、劳动节、

"中秋国庆"假期期间 v/C 值分别为 0.345、0.546、0.521,分别较节前五天下降 17.9%、增长 2.3%、下降 5.7%。

2023 年普通国道处于"一级服务水平"和"二级服务水平"的路段占观测里程的 61.9%,较 2022 年下降 5.2 个百分点。处于"五级服务水平"及以下的路段占观测里程的 14.6%,较 2022 年增长 3.5 个百分点。

2023 年普通国道不同等级服务水平里程占比如图 3-5 所示。

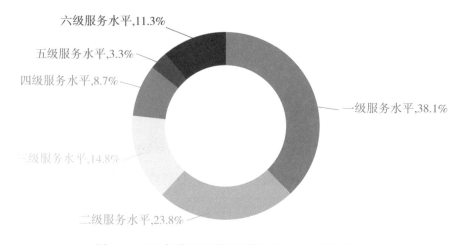

图 3-5 2023 年普通国道不同等级服务水平里程占比

第4章　普通省道交通情况

4.1　交　通　量

（1）2023年普通省道交通量显著增长。

普通省道交通量为10676pcu/日，比2022年增长12.1%。在途车辆数为4943万辆/日，比2022年增长13.4%。行驶量为365877万车（pcu）·km/日，比2022年增长14.3%。

2022年和2023年普通省道交通量情况见表4-1，2022年和2023年普通省道在途车辆数情况见表4-2。

2022年和2023年普通省道交通量情况　　　　　　表4-1

年份	客车（pcu/日）	货车（pcu/日）	机动车（pcu/日）
2022年	4580	4219	9521
2023年	5200	4736	10676
增长率（%）	13.5	12.3	12.1

2022年和2023年普通省道在途车辆数情况　　　　　　表4-2

年份	客车（万辆/日）	货车（万辆/日）	机动车（万辆/日）
2022年	2637	1150	4358
2023年	3041	1296	4943
增长率（%）	15.3	12.7	13.4

（2）普通省道交通量在2000~6000pcu/日的路段占比最高。

2023年普通省道交通量在2000~15000pcu/日之间的路段占观测里程的60.5%，比2022年下降1.8个百分点；交通量大于15000pcu/日的路段占观测里程的24.0%，比2022年增加了3.9个百分点；交通量小于2000pcu/日的路段占观测里程的 15.5%。2023 年普通省道分级交通量里程占比如图 4-1 所示,2022 年和 2023 年普通省道分级交通量里程占比见表 4-3。

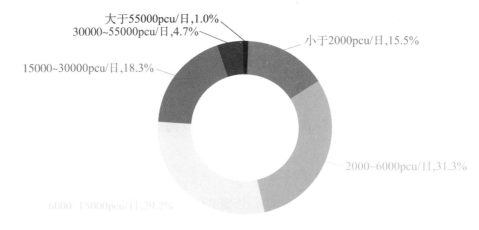

大于55000pcu/日,1.0%
30000~55000pcu/日,4.7%
小于2000pcu/日,15.5%
15000~30000pcu/日,18.3%
2000~6000pcu/日,31.3%
6000~15000pcu/日,29.2%

图 4-1   2023 年普通省道分级交通量里程占比

2022 年和 2023 年普通省道分级交通量里程占比(%)   表 4-3

年份	分级汽车交通量(pcu/日)							
	>80000	(55000, 80000]	(30000, 55000]	(15000, 30000]	(6000, 15000]	(2000, 6000]	(400, 2000]	≤400
2022 年	0.3	0.6	3.1	16.1	29.3	33.0	16.8	0.8
2023 年	0.4	0.6	4.7	18.3	29.2	31.3	14.8	0.7

4.2   速   度

(1)普通省道地点车速与 2022 年基本持平。

2019—2023 年普通省道地点车速变化如图 4-2 所示,机动车地点车速整体呈小幅波动增长,其中 2021 年地点车速为 53.8km/h,较 2020 年出现小幅下降。2023 年货车地点车速与 2022 年持平,机动车、客车、货车地点车速分别为 54.3km/h、57.6km/h、52.5km/h。

(2)普通省道 1 月份地点车速全年最高。

2023 年普通省道地点车速月度变化如图 4-3 所示,客、货车各月地点车速变化趋势基本一致,在 1 月分别达到最高值 57.9km/h、53.5km/h。

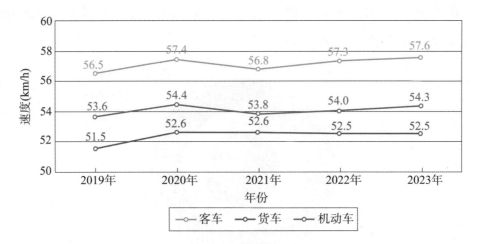

图 4-2 2019—2023 年普通省道地点速度变化

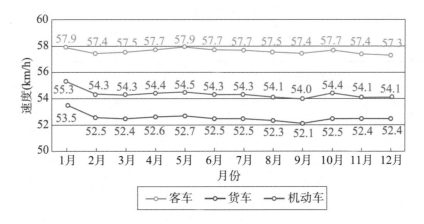

图 4-3 2023 年普通省道地点速度月度变化

4.3 交通组成

2023 年普通省道汽车交通量（自然数）交通组成如图 4-4 所示。客车交通量占比为 72.0%，其中，中小型客车占比达 70.0%，比 2022 年增长 0.8 个百分点，大型客车占比 2.0%，比 2022 年下降 0.2 个百分点。货车交通量占比为 28.0%，其中小型货车、特大型货车占比较大，分别为 10.4%、8.8%。

2013—2023 年普通省道汽车交通量（自然数）交通组成见表 4-4,2013—2023 年客车交通量占比整体呈增长趋势,货车交通量占比逐年下降。从客车组成来看,中小型客车占比整体呈现增长趋势,从 2013 年的 58.7% 增长到 2023 年的

70.0%;但大型客车占比逐年下降。从货车组成来看,特大型货车占比呈增长趋势,其他类型货车占比呈下降趋势。

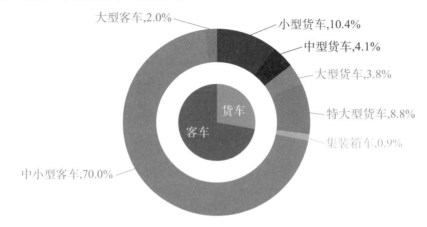

图 4-4　2023 年普通省道汽车交通量(自然数)交通组成

2013—2023 年普通省道汽车交通量(自然数)交通组成(%)　　表 4-4

年份	小型货车	中型货车	大型货车	特大型货车	集装箱车	中小型客车	大型客车
2013 年	13.4	9.4	4.3	7.7	1.4	58.7	5.1
2014 年	12.8	8.2	4.3	7.1	0.7	62.0	4.9
2015 年	12.3	7.8	4.0	7.2	0.7	63.2	4.8
2016 年	11.5	7.0	3.7	7.0	1.6	65.0	4.2
2017 年	10.7	6.4	3.6	7.0	1.1	67.8	3.4
2018 年	10.7	5.9	3.8	7.5	1.0	68.0	3.1
2019 年	10.7	5.7	3.9	7.6	1.0	68.2	2.9
2020 年	11.0	5.2	4.2	8.5	0.9	67.8	2.4
2021 年	10.7	4.7	4.2	8.9	0.9	68.2	2.4
2022 年	10.8	4.5	4.0	8.5	0.8	69.2	2.2
2023 年	10.4	4.1	3.8	8.8	0.9	70.0	2.0

4.4　服 务 水 平

2023 年普通省道 v/C 值为 0.466,比 2022 年增长 8.9%。春节、劳动节、"中秋国庆"假期期间 v/C 值分别为 0.345、0.509、0.477,分别较节前五天下降 14.4%、增长 6.0%、下降 2.5%。

　　普通省道处于"一级服务水平"和"二级服务水平"的路段占观测里程的 68.3%，比 2022 年下降 3.5 个百分点。处于"五级服务水平"及以下的路段占观测里程的比例为 11.4%，较 2022 年增长 1.9 个百分点。

　　2023 年普通省道不同等级服务水平里程占比如图 4-5 所示。

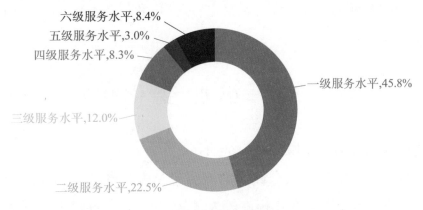

图 4-5　2023 年普通省道不同等级服务水平里程占比

第 5 章 交通量时间特征

本章主要从交通量小时变化、周变化、月变化和气象影响四个方面进行交通量时间特征分析。

5.1 小时变化

（1）干线公路交通量早晚高峰特征明显。

从全国来看，2023 年干线公路小时交通量早晚高峰特征明显。分道路等级来看，高速公路小时交通量变化幅度较大，峰值和谷值之间的差距显著。相比之下，普通国道、普通省道小时交通量变化较为平稳。

以山西省为例，高速公路交通量较大且时变特征显著，全天交通量呈明显的 M 形分布。早高峰出现在 11 时，晚高峰出现在 17 时，且晚高峰的交通量峰值明显高于早高峰。普通国省道小时交通量分布形态相似，但变化幅度小于高速公路，早晚峰值分别在 11 时、18 时，晚高峰交通量峰值与早高峰交通量相近。2023年山西省干线公路小时交通量变化特征如图 5-1 所示。

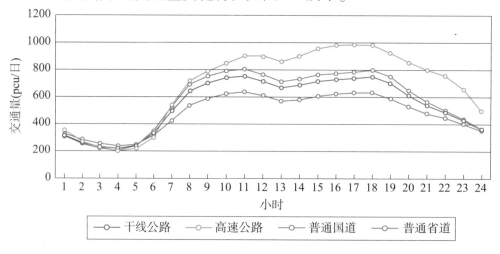

图 5-1 2023 年山西省干线公路小时交通量变化特征图

(2)货车夜间交通需求大于客车。

从全国来看,干线公路客车全天交通量呈明显双峰分布形态,早高峰集中于9—11时,晚高峰集中于16—18时;货车交通量白天平缓波动,夜间时段明显高于客车。

以辽宁省为例,高速公路货车全天小时交通量均高于客车;普通国省道货车交通量全天平缓波动,无明显高峰,夜间时段明显高于客车。2023年辽宁省高速公路及普通国省道客、货车小时交通量变化特征如图5-2所示。

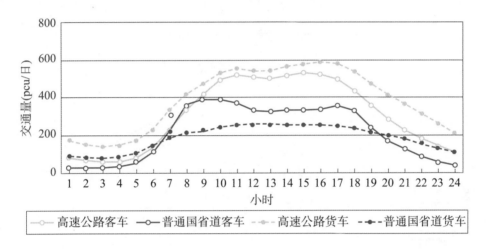

图5-2　2023年辽宁省高速公路及普通国省道客、货车小时交通量变化特征图

5.2　周　变　化

(1)各等级道路交通量均于周五达到峰值。

2023年全国干线公路交通量周五达到峰值,周一为低谷。分道路等级来看,高速公路、普通国道、普通省道交通量均于周五达到高位,高速公路及普通国道周一交通量为低谷,普通省道周日交通量为低谷。2023年全国干线公路分等级交通量周变化特征如图5-3所示。

(2)全国干线公路客、货车交通量高峰分别为周五、周四。

全国干线公路客车交通量于周五达到高峰,周末高位波动运行,周二降至低谷;货车交通量于周四达到高峰,周日降至低谷。2023年全国干线公路及高速公路客、货车交通量周变化特征如图5-4所示。

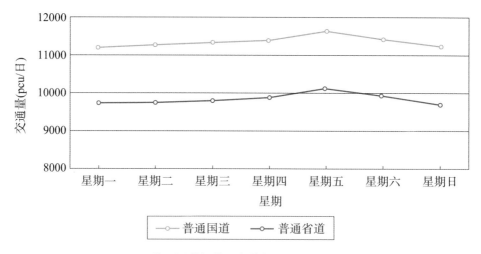

a) 普通国道与普通省道交通量变化特征

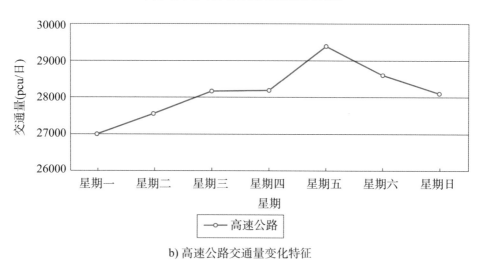

b) 高速公路交通量变化特征

图 5-3　2023 年全国干线公路分等级交通量周变化特征图

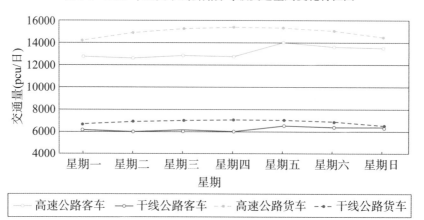

图 5-4　全国干线公路及高速公路客、货车交通量周变化特征图

5.3 月 变 化

(1)公路交通量月变化特征。

总的来看,2023 年全国干线公路交通量月度变化平稳。分道路等级来看,高速公路月度变化幅度较大,1 月交通量为年内第一个高峰,2 月、3 月有所回落,而后稳中有升,于 8 月达到年内第二个高峰,年末有所降低。普通国道、普通省道交通量变化趋势一致,于 2 月增长迅速,随后增速放缓,呈平稳波动态势。2023 年全国干线公路交通量月变化特征如图 5-5 所示。2023 年全国干线公路交通量月变系数见表 5-1。

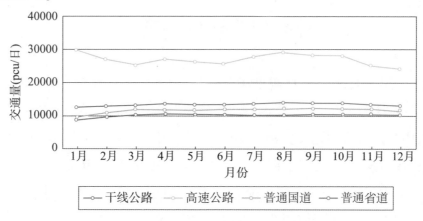

图 5-5　2023 年全国干线公路交通量月变化特征图

2023 年全国干线公路交通量月变系数　　　　　　　表 5-1

道路类型	1 月	2 月	3 月	4 月	5 月	6 月	7 月	8 月	9 月	10 月	11 月	12 月
干线公路	1.09	1.05	1.02	0.99	1.00	1.00	0.98	0.95	0.97	0.98	1.01	1.04
高速公路	0.90	1.00	1.07	0.99	1.03	1.05	0.97	0.92	0.95	0.96	1.07	1.11
普通国道	1.20	1.07	1.00	0.98	0.99	0.98	0.97	0.95	0.96	0.98	0.98	1.00
普通省道	1.15	1.06	1.00	0.98	0.99	0.98	0.99	0.98	0.98	0.99	0.98	0.99

(2)全国干线公路客、货车交通峰值分别为 1 月和 9 月。

全国干线公路客车交通量于 1 月达到高峰,此后波动下滑,12 月降至低谷;货车交通量 2 月环比增幅较大,于 9 月达到年内高峰。2023 年全国干线公路及高速公路客、货车交通量月变化特征如图 5-6 所示。

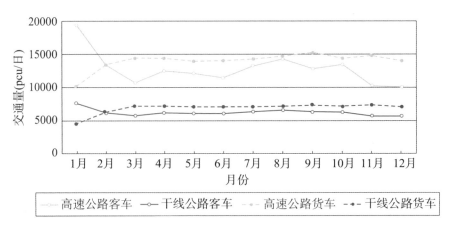

图 5-6　全国干线公路及高速公路客、货车交通量月变化特征图

5.4　气象影响变化

（1）2023 年 7 月底至 8 月初京津冀地区暴雨洪涝灾害。

2023 年 7 月底至 8 月初，受台风"杜苏芮"残余环流影响，京津冀等地遭受极端强降雨，引发严重暴雨洪涝、滑坡、泥石流等灾害，造成北京、河北、天津 551.2 万人不同程度受灾。河北省干线公路 7 月 28 日交通量为 19367pcu／日，随后开始下降，7 月 30 日交通量降至 14043pcu／日，达到低点。2023 年 7 月、8 月河北省干线公路交通量变化特征图如图 5-7 所示。

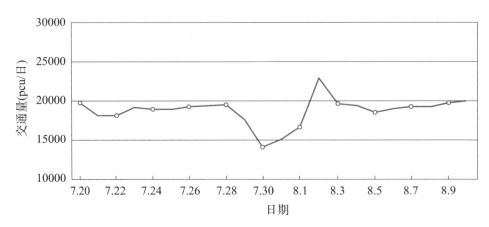

图 5-7　2023 年 7 月、8 月河北省干线公路交通量变化特征图

（2）2023 年 6 月底至 7 月初重庆暴雨洪涝和地质灾害。

2023 年 6 月底至 7 月初，重庆部分地区遭受强降雨袭击，引发洪涝和地质灾害,造成万州、巫山、巫溪、石柱、綦江等 27 个县(区)35.8 万人不同程度受灾,直接经济损失 13.1 亿元。重庆市干线公路 6 月 22 日交通量为 7751pcu/日,随后开始下降,6 月 29 日交通量降至 5842pcu/日,达到低点。2023 年 6 月、7 月重庆市干线公路交通量变化特征图如图 5-8 所示。

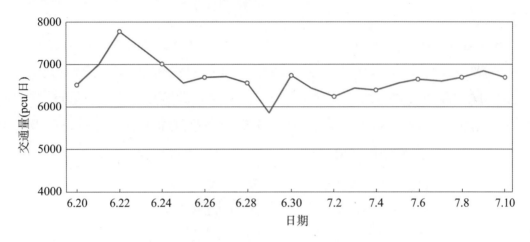

图 5-8　2023 年 6 月、7 月重庆市干线公路交通量变化特征图

(3)2023 年 8 月初东北地区暴雨洪涝灾害。

2023 年 8 月初,受台风残留云系北上和西风槽叠加影响,东北地区多地出现强降雨,引发洪涝灾害。造成黑龙江、吉林 119.4 万人不同程度受灾。黑龙江省干线公路 8 月 1 日交通量为 8133pcu/日,随后开始下降,8 月 3 日交通量降至 7163pcu/日,达到低点。2023 年 7 月、8 月黑龙江省干线公路交通量变化特征图如图 5-9 所示。

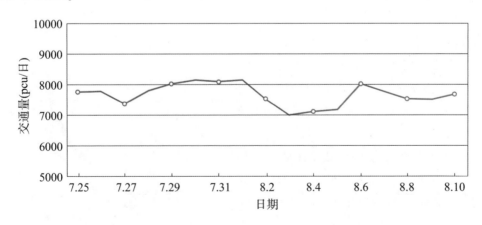

图 5-9　2023 年 7 月、8 月黑龙江省干线公路交通量变化特征图

第 6 章　通道及路段交通特征

在全国主要运输通道中,选取京哈高速公路(G1)、京沪高速公路(G2)、京台高速公路(G3)、京港澳高速公路(G4)、京藏高速公路(G6)、长深高速公路(G25)、连霍高速公路(G30)、沪蓉高速公路(G42)、沪昆高速公路(G60)、青银高速公路(G20)、沈海高速公路(G15)和沪渝高速公路(G50)12 条高速公路及与之平行的普通国道作为分析对象,分析其全年平均交通量和服务水平情况。

6.1　主要运输通道

6.1.1　交通量

从空间角度分析,交通量较大的通道主要是京哈高速公路(G1)、京沪高速公路(G2)、京港澳高速公路(G4)、沈海高速公路(G15)、沪蓉高速公路(G42)、沪渝高速公路(G50)等。主要运输通道交通量分布情况见表 6-1,分级标准见附表 2-4。

主要运输通道交通量分布　　　　　　　表 6-1

通道名称	交通量情况	分段图示
京哈通道	京哈通道中的高速公路(G1)北京、天津、河北、辽宁和吉林段交通量较大,其中天津段超过 55000pcu/日。各路段同比均有不同程度增长。 平行的 G102,天津段交通量较大,超过 30000pcu/日;黑龙江段交通量最小,小于 10000pcu/日;各路段交通量同比均有所增长,辽宁段增长最多,达 50%以上	

通道名称	交通量情况	分段图示
京沪通道	京沪通道中的高速公路(G2)全线交通量都较大,北京段和江苏段交通量最大,超过100000pcu/日,河北段和天津段交通量相对较小;各路段交通量同比均有所增长,山东、江苏段增长达50%。 平行的普通公路中,G205 江苏段和山东段、G312 上海段交通量超过 30000pcu/日。各路段交通量同比均有所增长,上海段增长达50%	北京 天津 G104 济南 G205 临沂 G2 扬州 G312 上海
京台通道	京台通道中的高速公路(G3)山东段交通量最大,超过 50000pcu/日,同比有所增长;福建段最少,小于10000pcu/日,同比有所增长。 平行的普通公路中,G104 山东段和江苏段交通量最大,超过 20000pcu/日;G316 福建段交通量最小,小于 10000pcu/日;除安徽、浙江段外,各段交通量同比 2022 年均有所增长	北京 天津 G104 G3 济南 G206 合肥 黄山 G205 衢州 G316 福州
京港澳通道	京港澳通道中的高速公路(G4)交通量较大,除广东段外,其他段均超过30000pcu/日,其中北京段交通量最大,超过 80000pcu/日;除湖北段外,其余路段同比均有所增长。 平行的普通公路广东段超过 60000pcu/日;湖南段交通量最小,接近 20000pcu/日。与 2022 年相比,除湖北段外,各段交通量均有所增长	北京 石家庄 郑州 G107 G4 武汉 长沙 广州

通道名称	交通量情况	分段图示
京藏通道	京藏通道中的高速公路(G6)北京段交通量最大,超过 55000pcu/日;河北段、青海段和甘肃段超过 20000pcu/日。与 2022 年相比,除内蒙古段外,各段交通量均有所增长;河北路段增长达 50%。 平行的普通公路中,宁夏段交通量最大,超 15000pcu/日,青海段交通量最小,小于 8000pcu/日。与 2022 年相比,各路段交通量均有所增长	
长深通道	长深通道中的高速公路(G25)天津段交通量最大,超 75000pcu/日,福建段、吉林段和江苏段交通量较小。与 2022 年相比,江苏、山东和河北段交通量同比有所下降,其余路段有所增长。 平行的普通公路中,G205 广东段和山东段交通量最大,超过 40000pcu/日;福建段交通量最少,小于 10000pcu/日。与 2022 年相比,G205 安徽段和天津段交通量有所下降,其余路段均有所增长	
连霍通道	连霍通道中的高速公路(G30)河南段交通量超过 50000pcu/日,其余路段交通量在 30000pcu/日以下。与 2022 年相比,各路段交通量均有所增长。 平行的普通公路中,G310 江苏段、河南段和甘肃段交通量超过 15000pcu/日,G310 陕西段交通量最小,小于 12000pcu/日。与 2022 年相比,各段交通量均有所增长	

通道名称	交通量情况	分段图示
沪蓉通道	沪蓉通道中的高速公路(G42)江苏段交通量最大,超过100000pcu/日,重庆段交通量最小,接近20000pcu/日。与2022年相比,除重庆段外,各路段均有所增长。 　　平行的普通公路中,G312江苏段交通量最大,超过40000pcu/日,重庆段交通量较小,接近6000pcu/日。与2022年相比,各路段交通量均有所增长	
沪昆通道	沪昆通道中的高速公路(G60)上海段、浙江段交通量最大,超过100000pcu/日,除云南段交通量较小外,其余路段交通量均大于20000pcu/日。与2022年相比,江西段交通量有所下降,其余路段有所增长。 　　平行的普通公路中,G320浙江段最大,超25000pcu/日,其次是G320江西段与上海段。贵州段和云南段交通量较小,小于10000pcu/日。与2022年相比,各段交通量同比均有所增长	
青银通道	青银通道中的高速公路(G20)山东段交通量最大,超过55000pcu/日。与2022年相比,山东段交通量有所增长,其余路段交通量均有所下降。 　　平行的普通公路G308山东段和G307河北段交通量较大,超过25000pcu/日;陕西段交通量最小,小于10000pcu/日。与2022年相比,各路段交通量均有所增长	

通道名称	交通量情况	分段图示
沈海通道	沈海通道中的高速公路(G15)全线交通量均超过 30000pcu/日。其中上海段交通量最大,超过 80000pcu/日。与 2022 年相比,各路段交通量均有所增长。 平行的普通公路 G324 广东段和 G104 浙江段交通量最大,超过 30000pcu/日。与 2022 年相比,各段交通量均有所增长	
沪渝通道	沪渝通道高速公路(G50)全线交通量均较大。其中,上海段交通量最大,达到 45000pcu/日。与 2022 年相比,安徽段交通量有所下降;其余路段均有所增长。 平行的普通公路 G318 浙江段交通量最大,超过 40000pcu/日。与 2022 年相比,各路段交通量均有所增长	

6.1.2　服务水平

从空间角度分析,主要运输通道服务水平与交通量分布情况类似。京哈高速公路(G1)河北段,京沪高速公路(G2)北京段和江苏段,京港澳高速公路(G4)北京段、河北段、湖南段和广东段,沈海高速公路(G15)上海段和广东段,沪蓉高速公路(G42)江苏段和上海段,沪渝高速公路(G50)上海段,沪昆高速公路(G60)浙江段和上海段服务水平处于五级服务水平及以下。主要运输通道服务水平见表 6-2,分级标准见附表 2-5。

主要运输通道服务水平分布

表6-2

通道名称	服务水平	分段图示
京哈通道	京哈通道高速公路（G1）中，河北段处于六级服务水平，天津段处于四级服务水平，其余路段均处于二级服务水平。与2022年相比，辽宁段服务水平有所提高，其余路段基本持平。 　　平行的普通公路（G102）中，河北段处于四级服务水平，辽宁段、天津段和吉林段处于四级服务水平，北京段处于三级服务水平，其余路段处于二级服务水平。与2022年相比，辽宁段和吉林段服务水平有所下降，其余路段基本持平	
京沪通道	京沪通道中的高速公路（G2）中，北京段、江苏段处于六级服务水平，上海段处于四级服务水平，其余路段处于二级服务水平。江苏段服务水平有所下降，其余路段基本持平。 　　平行的普通公路中，G312上海段处于六级服务水平，G104北京段、G205山东段和江苏段处于四级服务水平，G205河北段处于三级服务水平，G104天津段处于二级服务水平。与2022年相比，G312上海段、G104北京段服务水平有所下降	
京台通道	京台通道中的高速公路（G3）北京段处于四级服务水平，河北段处于三级服务水平，其余路段处于一级或二级服务水平。与2022年相比，北京段服务水平有所下降，其余路段基本持平。 　　平行的普通公路中，G104北京段、G205浙江段处于四级服务水平，G104河北段、山东段处于三级服务水平，其余路段处于一级服务水平或二级服务水平。与2022年相比，G104北京段服务水平有所下降，其余路段基本持平	

通道名称	服务水平	分段图示
京港澳通道	京港澳通道中的高速公路（G4）北京段、河北段、广东段、湖南段处于六级服务水平，河南段、湖北段处于三级服务水平。与 2022 年相比，北京段、湖南段、河南段服务水平有所下降，其余路段基本持平。 平行的普通公路 G107 北京段、河北段、广东段、湖南段处于六级服务水平，湖北段处于五级服务水平，河南段处于三级服务水平。与 2022 年相比，北京段、河北段、湖南段服务水平有所下降，其余路段基本持平	
京藏通道	京藏通道中的高速公路（G6）服务水平较高。除北京段、青海段处于四级服务水平，其余路段均处于一级或二级服务水平。与 2022 年相比，北京段服务水平有所下降，其余路段服务水平基本持平。 平行的普通公路中，G109 甘肃段处于四级服务水平，G110 河北段、G109 宁夏段处于三级服务水平，其余路段处于二级服务水平。与 2022 年相比，各路段服务水平基本持平	
长深通道	长深通道中的高速公路（G25）全线较为通畅，除广东段、河北段处于三级服务水平，其余各路段处于一级或二级服务水平。与 2022 年相比，各路段服务水平情况基本持平。 平行的普通公路中，G205 广东段、G104 浙江段处于五级服务水平，G205 山东段、江苏段处于四级服务水平，G101 辽宁段、G112 河北段处于三级服务水平，其余路段处于一级或二级服务水平。与 2022 年相比，G104 浙江段服务水平有所下降，其余路段基本持平	

续上表

通道名称	服务水平	分段图示
连霍通道	连霍通道中的高速公路(G30)河南段处于三级服务水平,其余各路段处于均为一级或二级服务水平。与2022年相比,各路段服务水平基本持平。 平行的普通公路中G312甘肃段处于五级服务水平,G310江苏段、安徽段、河南段处于三级服务水平,其余路段处于二级服务水平。与2022年相比,G310安徽段、河南段服务水平有所提高,其余路段基本持平	乌鲁木齐　G30　G312　西安　徐州　兰州　G310　郑州　连云港
沪蓉通道	沪蓉通道中的高速公路(G42)江苏段、上海段处于六级服务水平,安徽段、湖北段、四川段处于三级服务水平,其余路段处于一级服务水平。与2022年相比,江苏段服务水平有所下降,其余路段基本持平。 平行的普通公路中,G312上海段处于六级服务水平,江苏段处于四级服务水平,其余路段处于二级服务水平。与2022年相比,上海段、江苏段服务水平有所下降,其余路段基本持平	重庆　宜昌　G42　南京　上海　成都　G318　武汉　G312
沪昆通道	沪昆通道中的高速公路(G60)上海段、浙江段处于六级服务水平,湖南段处于三级服务水平,其余路段处于一级或二级服务水平。与2022年相比,各路段服务水平基本持平。 平行的普通公路中,G320上海段处于六级服务水平,湖南段处于四级服务水平,浙江段、江西段和贵州段处于三级服务水平,其余路段处于二级服务水平。与2022年相比,上海段服务水平有所下降,其余路段基本持平	上海　长沙　G60　杭州　贵阳　南昌　G320　昆明

通道名称	服务水平	分段图示
青银通道	青银通道中的高速公路（G20）陕西段处于三级服务水平，其余各路段处于一级或二级服务水平。与2022年相比，各路段基本持平。 平行的普通公路G307河北段、山西段处于六级服务水平，G308山东段处于四级服务水平，G307陕西段处于三级服务水平。与2022年相比，G308山东段服务水平有所下降，其余路段服务水平基本持平	银川 G20 石家庄 济南 G307 太原 G308 青岛
沈海通道	沈海通道中的高速公路（G15）上海、广东段处于六级服务水平，江苏段处于五级服务水平，浙江段处于四级服务水平，福建段处于三级服务水平，其余路段处于二级服务水平。与2022年相比，广东段服务水平有所下降，其余各段基本持平。 平行的普通公路中，G324广东段处于四级服务水平，G104福建段处于三级服务水平，G202辽宁段、G204山东段、江苏段、G104福建段处于三级服务水平。与2022年相比，江苏段服务水平有所提高，其余各路段基本持平	沈阳 G202 大连 青岛 苏州 G204 G15 上海 宁波 G104 广州 福州 G324 海口
沪渝通道	沪渝通道中的高速公路（G50）上海段处于六级服务水平，浙江段、安徽段、湖北段处于三级服务水平，其余路段处于二级服务水平。与2022年相比，各路段基本持平。 平行的普通公路中，G318浙江段处于六级服务水平、上海段处于四级服务水平、江苏段处于三级服务水平，其余路段处于二级服务水平。与2022年相比，浙江段服务水平有所下降，其余路段基本持平	重庆 G50 武汉 芜湖 上海 宜昌 G318 安庆

6.2　主要路段

6.2.1　机动车

2023年,全国干线公路交通量最大的路段主要集中在上海市、北京市、广东省、江苏省等的高速公路。首都机场高速公路(S12)、成都绕城高速公路(G4202)、北京—上海高速公路(G2)江苏段交通量较高,均高于150000pcu/日。2023年全国干线公路交通量最大的20个路段见表6-3。

2023年全国干线公路交通量最大的20个路段　　　　表6-3

序号	公路(编号)	地区	交通量(pcu/日)
1	首都机场高速公路(S12)	北京市	166120
2	成都绕城高速公路(G4202)	四川省	163771
3	北京—上海高速公路(G2)	江苏省	157848
4	南京—洛阳高速公路(G36)	江苏省	137706
5	上海—成都高速公路(G42)	江苏省	130305
6	德贤路(S234)	北京市	116165
7	上海—昆明高速公路(G60)	浙江省	107644
8	杭州湾地区环线高速公路(G92)	浙江省	107325
9	蚌埠—合肥高速公路(S17)	安徽省	103039
10	成都市双流机场高速公路(S6)	四川省	94568
11	上海外环高速公路(S20)	上海市	89098
12	上海—西安高速公路(G40)	上海市	88779
13	宁波—东莞高速公路(G1523)	广东省	88233
14	广州—佛山高速公路(S15)	广东省	86109
15	沈阳—海口高速公路(G15)	上海市	85031
16	北京—上海高速公路(G2)	上海市	83464
17	北京—港澳高速公路(G4)	北京市	82798
18	番禺—龙江公路(S123)	广东省	79952

序号	公路（编号）	地区	交通量（pcu/日）
19	上海迎宾高速公路（S1）	上海市	77856
20	荣成—乌海高速公路（G18）	河北省	77420

6.2.2　客车

2023 年，全国干线公路有 23.4% 的路段客车交通量过万，其中客车交通量最大路段主要集中在北京市、上海市、广东省、江苏省等的高速公路。2023 年全国干线公路客车交通量最大的 20 个路段见表 6-4。

2023 年全国干线公路客车交通量最大的 20 个路段　　　表 6-4

序号	公路（编号）	地区	交通量（pcu/日）
1	首都机场高速公路（S12）	北京市	155035
2	北京—上海高速公路（G2）	江苏省	110462
3	德贤路（S234）	北京市	103770
4	南京—洛阳高速公路（G36）	江苏省	103258
5	上海—成都高速公路（G42）	江苏省	98554
6	成都绕城高速公路（G4202）	四川省	97622
7	成都双流机场高速公路（S6）	四川省	87559
8	北京—上海高速公路（G2）	上海市	65380
9	北京—港澳高速公路（G4）	北京市	62211
10	上海—昆明高速公路（G60）	浙江省	60866
11	广州—佛山高速公路（S15）	广东省	60024
12	上海—西安高速公路（G40）	上海市	58665
13	上海外环高速公路（S20）	上海市	58311
14	首都机场第二高速公路（S51）	北京市	56724
15	宁波—东莞高速公路（G1523）	广东省	54133
16	西安绕城高速公路（G3002）	陕西省	53539
17	香洲—珠海发电厂公路（S366）	广东省	52950

序号	公路（编号）	地区	交通量（pcu/日）
18	北京—拉萨高速公路（G6）	北京市	52606
19	上海迎宾高速公路（S1）	上海市	51646
20	杭州湾地区环线高速公路（G92）	浙江省	50464

6.2.3 货车

2023 年，全国干线公路货车交通量最大的路段主要集中在浙江省和江苏省等的高速公路。浙江省内多条道路货车交通量显著高于全国平均水平，这与其身处长三角重要地理位置有关。2023 年全国干线公路货车交通量最大的 20 个路段见表 6-5。

2023 年全国干线公路货车交通量最大的 20 个路段　　　　表 6-5

序号	公路（编号）	地区	交通量（pcu/日）
1	蚌埠—合肥高速公路（S17）	安徽省	72163
2	成都绕城高速公路（G4202）	四川省	66148
3	荣成—乌海高速公路（G18）	河北省	57558
4	杭州湾地区环线高速公路（G92）	浙江省	56861
5	北仑支线高速公路（S1）	浙江省	54855
6	蔡孝线（S109）	湖北省	49778
7	穿山疏港高速公路（S20）	浙江省	47893
8	北京—上海高速公路（G2）	江苏省	47386
9	上海—昆明高速公路（G60）	浙江省	46778
10	宁波绕城高速公路（G1504）	浙江省	46483
11	沈阳—海口高速公路（G15）	上海市	45502
12	北京—港澳高速公路（G4）	湖南省	43275
13	沈阳—海口高速公路（G15）	江苏省	42803
14	苏虞张线（S228）	江苏省	42248
15	宁波—金华高速公路（G1512）	浙江省	42108

序号	公路（编号）	地区	交通量（pcu／日）
16	港中线（S315）	天津市	41678
17	上海绕城高速公路（G1503）	上海市	41622
18	常熟—台州高速公路（G1522）	浙江省	41215
19	宝白公路（S220）	天津市	39815
20	京通京哈联络线（S46）	北京市	38755

6.2.4 交通量方向分布

2023 年，全国干线公路上下行交通量基本持平，上行交通量约为下行的 1.02 倍。以方向不均匀系数分析路段上下行交通量的差异，全国干线公路约有 10% 的路段方向不均匀系数大于 0.6。2023 年全国干线公路方向不均匀系数最大的 20 个路段见表 6-6。

2023 年全国干线公路方向不均匀系数最大的 20 个路段　　表 6-6

序号	全国公路（编号）	地区	方向不均匀系数
1	蔡孝线（S109）	湖北省	0.853
2	京通京哈联络线（S46）	北京市	0.841
3	渝遂路（S107）	重庆市	0.834
4	伊开高速公路（S15）	吉林省	0.828
5	长春绕城高速公路（G2501）	吉林省	0.827
6	榆林—佳县高速公路（S12）	陕西省	0.823
7	福州绕城高速公路（G1505）	福建省	0.820
8	襄丹线（S302）	湖北省	0.817
9	长治绕城高速公路（S2201）	山西省	0.817
10	沪太线（S126）	上海市	0.811
11	北京—台北高速公路（G3）	安徽省	0.808
12	醴陵枫头洲（省界）—宁乡沩山公路（S327）	湖南省	0.802

序号	全国公路(编号)	地区	方向不均匀系数
13	北京—拉萨公路(G109)	山西省	0.794
14	沪南线(S122)	上海市	0.792
15	上海—西安高速公路(G40)	安徽省	0.790
16	夏黄线(S207)	湖北省	0.787
17	沈阳绕城高速公路(G1501)	辽宁省	0.786
18	中关线(S205)	宁夏回族自治区	0.785
19	阜新—锦州高速公路(G2512)	辽宁省	0.784
20	广佛肇高速公路(S8)	广东省	0.783

6.3　典型景区连接公路

6.3.1　总体情况

分析 37 个典型景区连接公路 2023 年交通量变化情况。51.4% 的景区连接公路 2023 年交通量大于 10000pcu/日,11 个景区连接公路交通量大于 20000pcu/日。与 2022 年同期相比,28 个景区连接公路交通量均同比增长,9 个景区连接公路交通量同比下降。2023 年典型景区连接公路交通量及其同比变化情况见表 6-7。

2023 年典型景区连接公路交通量及其同比变化情况　　表 6-7

序号	景区	交通量(pcu/日)	同比变化率(%)
1	无锡三国水浒城景区		26.4
2	三亚南山文化旅游区		54.4
3	嘉峪关文物景区	>40000	30.7
4	温州乐清市雁荡山风景区		12.9
5	泉州市清源山风景名胜区		16.2
6	舟山普陀山风景区		17.3
7	洛阳新安县龙潭大峡谷景区	(20000,40000]	−21.9
8	平凉崆峒山风景名胜区		16.9

序号	景区	交通量（pcu/日）	同比变化率（%）
9	宜昌三峡大坝旅游区		14.1
10	安阳殷墟景区	（20000,40000]	40.9
11	桂林兴安县乐满地度假世界		10.3
12	三明泰宁风景旅游区		48.3
13	衡阳南岳衡山旅游区		29.8
14	延安黄陵县黄帝陵景区		48.0
15	枣庄台儿庄古城景区		−12.3
16	六安市金寨县天堂寨风景区	（10000,20000]	3.4
17	池州青阳县九华山风景区		−6.2
18	九寨沟黄龙景区		18.2
19	银川镇北堡西部影视城		30.3
20	迪庆州普达措国家公园		39.4
21	韶关仁化丹霞山景区		28.6
22	承德避暑山庄及周围寺庙景区		10
23	泰安泰山景区		7.2
24	黄山市黟县皖南古村落—西递宏村		8.5
25	明十三陵		26.3
26	大理崇圣寺三塔文化旅游区		0.4
27	黄山市黄山风景区		−20.4
28	大连金石滩景区	≤10000	10.9
29	青海湖景区		19.4
30	十堰丹江口市武当山风景区		−22.6
31	渭南华阴市华山景区		−16.3
32	丽江玉龙雪山景区		18.7
33	酉阳桃花源景区		4.5
34	安庆潜山市天柱山风景区		−0.3
35	洛阳嵩县白云山景区		−11.9
36	中科院西双版纳热带植物园		34.6
37	神农架生态旅游区		−16.7

6.3.2　节假日分析

2023年免通行费的四个节假日(春节、清明节、劳动节、国庆节)期间,典型景区连接公路交通量均超17000pcu/日,劳动节期间交通量最高,达26514pcu/日,清明节假期交通量最低,仅为17948pcu/日。与2022年同期相比,四个节假日典型景区连接公路交通量同比增长均超25.0%,劳动节假期交通量增幅最高,达80.6%。2023年典型景区连接公路四个节假日交通量及变化情况如图6-1所示。

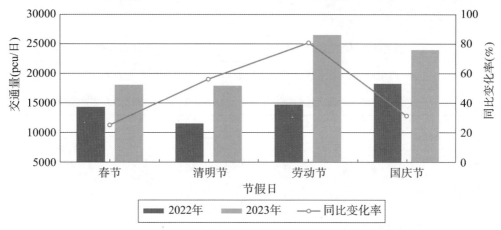

图6-1　2023年典型景区连接公路四个节假日交通量及变化情况

景区连接公路受季节波动及景区特性影响较大。春节期间,西双版纳热带植物园、承德避暑山庄及周围寺庙景区及枣庄台儿庄古城景区连接公路交通量同比增长超100%;清明节期间,无锡三国水浒城景区、丽江玉龙雪山景区及桂林乐满地度假世界连接公路交通量同比增长超100%;劳动节期间,泰安泰山景区、无锡三国水浒城景区及迪庆州普达措国家公园连接公路交通量同比增长超100%;国庆节期间,迪庆州普达措国家公园、华山景区及平凉崆峒山风景名胜区连接公路交通量同比增长超50%。2023年典型景区连接公路四个节假日交通量同比变化情况见表6-8。

2023年典型景区连接公路四个节假日交通量同比情况　　　　　表6-8

节假日	交通量同比增长显著的景区	交通量同比下降显著的景区
春节	西双版纳热带植物园	渭南华阴市华山景区
	承德避暑山庄及周围寺庙景区	大理崇圣寺三塔文化旅游区
	枣庄台儿庄古城景区	—

节假日	交通量同比增长显著的景区	交通量同比下降显著的景区
清明节	无锡三国水浒城景区	池州青阳县九华山风景区
	丽江玉龙雪山景区	明十三陵景区
	桂林兴安县乐满地度假世界	青海湖景区
劳动节	泰安泰山景区	渭南华阴市华山景区
	无锡三国水浒城景区	池州青阳县九华山风景区
	迪庆州普达措国家公园	—
国庆节	迪庆州普达措国家公园	枣庄台儿庄古城景区
	渭南华阴市华山景区	桂林兴安县乐满地度假世界
	平凉崆峒山风景名胜区	丽江玉龙雪山景区

6.4 重点港口连接公路

6.4.1 全年情况

对 19 个重点港口连接公路 2023 年货车交通量变化情况进行分析发现,不同港口货车交通量差异较大,货车交通量较大的港口连接公路主要分布在长三角和京津冀区域。2023 年,唐山港和上海港连接公路货车交通量均超 40000pcu/日,近五成的港口连接公路货车交通量超 20000pcu/日。与 2022 年相比,6 个港口连接公路货车交通量同比增长,其中,营口港和福州港同比增幅均超 30%;13 个港口连接公路货车交通量同比下降,其中,湖州港和苏州港同比下降显著,降幅分别为 45.5%、29.6%。2023 年重点港口连接公路货车交通量及其同比变化情况见表 6-9。

2023 年重点港口连接公路货车交通量及其同比变化情况 表 6-9

序号	港口	货车交通量(pcu/日)	同比变化率(%)
1	唐山港	>30000	3.4
2	上海港		−21.2
3	宁波—舟山港	(20000,30000]	−15.7
4	泉州港		27.8

续上表

序号	港口	货车交通量(pcu/日)	同比变化率(%)
5	杭州港		−19.5
6	苏州港		−29.6
7	嘉兴港	(20000,30000]	34.0
8	南京港		−12.2
9	厦门港		−13.5
10	青岛港		−2.9
11	大连港		−4.3
12	南通港		33.6
13	日照港	(10000,20000]	−14.4
14	温州港		−18.8
15	湖州港		−45.5
16	福州港		41.6
17	营口港		91.9
18	烟台港	≤10000	−21.1
19	秦皇岛港		−17.9

6.4.2 月度情况

2023 年,超八成港口连接公路 1 月同比下降显著,2 月实现同比增长。南京港 2 月、4 月货车交通量同比增长显著,增幅分别为 25.5%、28.9%,1 月、7 月货车交通量同比下降显著,降幅分别为 36.8%、24.0%;青岛港 2 月、3 月货车交通量同比增长显著,增幅分别为 26.9%、23.9%,1 月、12 月货车交通量同比下降显著,降幅分别为 38.6%、21.9%;泉州港 1 月货车交通量同比下降显著,降幅为 38.1%,2—12 月货车交通量同比均实现增长,除 5 月外,其余各月同比增幅均超 26%;烟台港 2 月货车交通量同比增幅达全年高峰,增幅为 19.3%,随后增幅呈波动下降态势,12 月为年内低谷,降幅达 44.5%。

2023 年部分港口连接公路货车交通量月变化特征如图 6-2 所示。

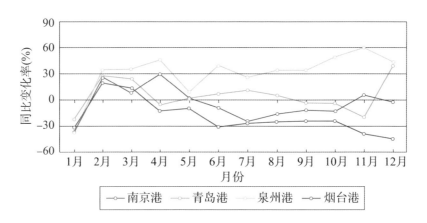

图 6-2　2023 年部分港口连接公路货车交通量月变化特征图

第7章　主要城市群交通特征

本章从区域的角度分析城市群和各省(自治区、直辖市)的交通情况。

7.1　城市群地区交通量特征

本报告分析的城市群划分方式见表7-1。

城市群划分　　　　　　　　　　　　　　表7-1

城市群	包括的省(自治区、直辖市)	城市群	包括的省(自治区、直辖市)
京津冀城市群	北京、天津、河北	中原城市群	河南、山西、山东、安徽
长三角城市群	上海、江苏、浙江	长江中游城市群	湖北、湖南、江西
粤港澳大湾区	广东九个地市	哈长城市群	黑龙江、吉林
成渝地区双城经济圈	四川、重庆	—	—

7.1.1　京津冀城市群

2023年京津冀城市群干线公路交通量显著增长,与2022年相比增长18.5%。其中,高速公路、普通国道、普通省道增幅分别为21.4%、17.4%、19.5%。2023年京津冀城市群交通情况见表7-2。

2023年京津冀城市群交通情况　　　　　表7-2

道路类型	客车		货车		机动车		v/C
	交通量(pcu/日)	同比变化率(%)	交通量(pcu/日)	同比变化率(%)	交通量(pcu/日)	同比变化率(%)	
干线公路	7997	25.4	10726	14.1	19200	18.5	0.66
高速公路	18110	64.8	19285	−2.7	37394	21.4	0.44
普通国道	6097	15.8	10742	18.3	16840	17.4	0.80
普通省道	7295	19.8	8630	19.2	15926	19.5	0.72

7.1.2 长三角城市群

2023 年长三角城市群干线公路交通量显著增长，与 2022 年相比增长 12.5%，其中，高速公路、普通国道、普通省道增幅分别为 11.0%、17.1%、13.4%。高速公路交通量为 54326pcu/日，位居七大城市群之首，分别是普通国道和普通省道的 2.64 倍和 3.12 倍。2023 年长三角城市群交通情况见表 7-3。

2023 年长三角城市群交通情况 表 7-3

道路类型	客车		货车		机动车		v/C
	交通量（pcu/日）	同比变化率（%）	交通量（pcu/日）	同比变化率（%）	交通量（pcu/日）	同比变化率（%）	
干线公路	12117	19.0	12370	7.1	24980	12.5	0.55
高速公路	26317	30.4	28009	−2.6	54326	11.0	0.70
普通国道	9721	17.7	10870	16.5	20591	17.1	0.53
普通省道	9294	13.1	8111	13.9	17404	13.4	0.47

7.1.3 粤港澳大湾区

2023 年粤港澳大湾区城市群干线公路交通量小幅增长，与 2022 年相比增长 3.2%，其中，高速公路、普通国道、普通省道增幅分别为 21.0%、1.3%、1.9%。普通国省道交通量位居七大城市群之首，普通国道、普通省道交通量分别为 36030pcu/日、31984pcu/日。2023 年粤港澳大湾区交通情况见表 7-4。

2023 年粤港澳大湾区交通情况 表 7-4

道路类型	客车		货车		机动车		v/C
	交通量（pcu/日）	同比变化率（%）	交通量（pcu/日）	同比变化率（%）	交通量（pcu/日）	同比变化率（%）	
干线公路	22778	7.9	13749	−3.0	39595	3.2	0.84
高速公路	33042	35.5	18739	1.7	51781	21.0	0.93
普通国道	20702	5.2	15328	−3.5	36030	1.3	0.90
普通省道	21011	4.8	10973	−3.4	31984	1.9	0.76

7.1.4　成渝地区双城经济圈

2023 年成渝地区双城经济圈干线公路交通量显著增长，与 2022 年相比增长 11.1%。其中，高速公路、普通国道、普通省道增幅分别为 16.6%、9.7%、7.2%。高速公路和普通国省道交通需求差异显著，高速公路交通量为 44603pcu/日，分别为普通国道、普通省道的 5.6 倍、7.6 倍。2023 年成渝地区双城经济圈交通情况见表 7-5。

2023 年成渝地区双城经济圈交通情况　　　　表 7-5

道路类型	客车		货车		机动车		v/C
	交通量（pcu/日）	同比变化率（%）	交通量（pcu/日）	同比变化率（%）	交通量（pcu/日）	同比变化率（%）	
干线公路	5327	13.5	3802	8.5	9818	11.1	0.50
高速公路	24214	22.4	20388	10.4	44603	16.6	0.63
普通国道	4677	10.4	3243	8.6	7920	9.7	0.48
普通省道	3643	11.0	2297	1.7	5940	7.2	0.45

7.1.5　中原城市群

2023 年中原城市群干线公路交通量大幅增长，与 2022 年相比增长 21.2%，增幅位居七大城市群之首，其中，高速公路、普通国道、普通省道增幅分别为 21.4%、23.4%、19.1%。2023 年中原城市群交通情况见表 7-6。

2023 年中原城市群交通情况　　　　表 7-6

道路类型	客车		货车		机动车		v/C
	交通量（pcu/日）	同比变化率（%）	交通量（pcu/日）	同比变化率（%）	交通量（pcu/日）	同比变化率（%）	
干线公路	7953	31.6	10871	15.9	19855	21.2	0.60
高速公路	15145	69.3	18178	−1.8	33322	21.4	0.48
普通国道	6772	23.0	10395	23.7	17167	23.4	0.65
普通省道	6991	20.8	8695	17.8	15687	19.1	0.67

7.1.6　长江中游城市群

2023 年长江中游城市群干线公路交通量显著增长,与 2022 年相比增长 12.6% 。其中,高速公路、普通国道、普通省道交通量分别增长 8.7% 、20.5% 和 7.6% 。2023 年长江中游城市群交通情况见表 7-7。

2023 年长江中游城市群交通情况　表 7-7

道路类型	客车		货车		机动车		v/C
	交通量 (pcu/日)	同比变化率 (%)	交通量 (pcu/日)	同比变化率 (%)	交通量 (pcu/日)	同比变化率 (%)	
干线公路	6216	17.4	6822	9.4	13528	12.6	0.47
高速公路	14707	18.9	16165	0.8	30872	8.7	0.48
普通国道	5154	20.6	6554	20.4	11708	20.5	0.55
普通省道	3452	8.2	3028	6.8	6480	7.6	0.39

7.1.7　哈长城市群

2023 年哈长城市群干线公路交通量显著增长,与 2022 年相比增长 16.6%。其中,高速公路、普通国道、普通省道交通量分别增长 29.1% 、14.7% 和 17.0%。高速公路与普通国省道交通需求相近,高速公路、普通国道、普通省道交通量分别为 9194pcu/日、9861pcu/日、9662pcu/日。2023 年哈长城市群交通情况见表 7-8。

2023 年哈长城市群交通情况　表 7-8

道路类型	客车		货车		机动车		v/C
	交通量 (pcu/日)	同比变化率 (%)	交通量 (pcu/日)	同比变化率 (%)	交通量 (pcu/日)	同比变化率 (%)	
干线公路	5372	24.4	4381	9.1	10211	16.6	0.51
高速公路	4941	68.8	4253	1.4	9194	29.1	0.19
普通国道	5380	17.3	4481	11.6	9861	14.7	0.67
普通省道	6091	31.7	3570	-1.8	9662	17.0	0.66

2023 年七大城市群高速公路交通情况如图 7-1 所示。

图 7-1　2023 年七大城市群高速公路交通情况

7.2　省域交通量特征

7.2.1　交通量

全国 31 个省(自治区、直辖市)交通量差异较大,不同省域交通量的大小与该省(自治区、直辖市)经济发展水平、产业布局、人口分布、区域位置、人口密度等有着密切关系。2023 年干线公路交通量排名前 5 位的省(直辖市)依次是上海、北京、广东、浙江、山东。

2023 年全国各省(自治区、直辖市)高速公路交通量排序图如图 7-2 所示,2023 年全国各省(自治区、直辖市)普通国道和普通省道交通量分布情况如图 7-3 所示。

7.2.2　服务水平

2023 年干线公路 v/C 排名前 5 位的省(直辖市)依次是上海、广东、河北、山西、浙江。分道路等级来看,高速公路 v/C 排名前 5 位的省(直辖市)依次是江苏、上海、广东、浙江、海南;普通国道 v/C 排名前 5 位的省(直辖市)依次是上海、河北、广东、山西、湖南;普通省道 v/C 排名前 5 位的省(直辖市)是上海、河北、广东、北京、吉林。

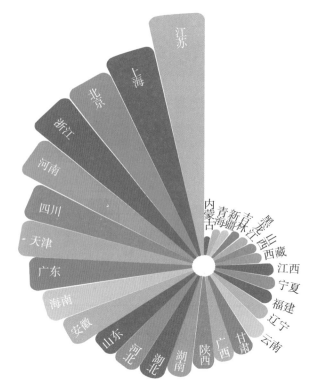

图 7-2　2023 年各省（自治区、直辖市）高速公路交通量排序图

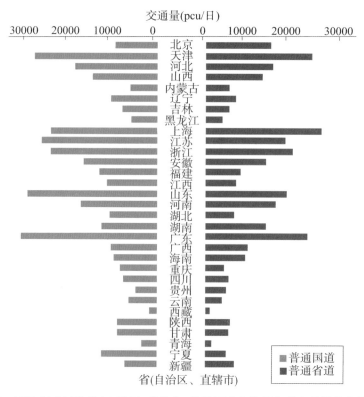

图 7-3　2023 年全国各省（自治区、直辖市）普通国道和普通省道交通量分布柱状图

7.2.3   交通组成

2023 年干线公路汽车交通组成来看,客车交通量占比排名前 5 位的省(自治区、直辖市)依次是北京、上海、贵州、西藏、广东;货车交通量占比排名前 5 位的省(自治区、直辖市)依次是山西、宁夏、河北、甘肃、新疆。2023 年全国各省(自治区、直辖市)公路客车交通量占比见表 7-9。

2023 年全国各省(自治区、直辖市)公路客车交通量占比　　表 7-9

省(自治区、直辖市)	高速公路	普通国道	普通省道
北京	82.9%	78.1%	84.1%
天津	68.1%	63.0%	68.1%
河北	60.5%	58.4%	59.3%
山西	55.1%	48.1%	47.4%
内蒙古	84.2%	62.0%	71.4%
辽宁	67.6%	71.9%	73.8%
吉林	75.2%	75.6%	81.1%
黑龙江	78.1%	75.4%	77.1%
上海	71.2%	84.8%	85.7%
江苏	79.6%	64.7%	70.1%
浙江	69.3%	72.8%	73.3%
安徽	62.8%	63.7%	71.1%
福建	73.7%	74.3%	79.5%
江西	58.1%	64.8%	73.2%
山东	71.3%	58.1%	66.0%
河南	70.1%	65.2%	69.2%
湖北	66.5%	66.4%	71.1%
湖南	75.1%	70.7%	77.4%
广东	78.6%	74.2%	80.4%
广西	74.1%	68.1%	73.3%
海南	68.9%	72.2%	71.4%

续上表

省(自治区、直辖市)	高速公路	普通国道	普通省道
重庆	—	75.8%	75.4%
四川	75.2%	72.8%	72.0%
贵州	77.7%	78.8%	77.6%
云南	77.7%	73.7%	73.4%
西藏	84.9%	73.4%	77.5%
陕西	65.5%	62.9%	75.2%
甘肃	63.6%	63.7%	65.7%
青海	63.7%	67.7%	78.6%
宁夏	72.5%	46.8%	65.5%
新疆	56.4%	65.2%	67.7%

专题篇

第 8 章 长假期路网交通情况

本章主要分析春节、劳动节、中秋节及国庆节(以下简称"中秋国庆")等长假期及其影响期的交通量变化特征。

8.1 总体特征

(1)2023 年长假期公众出行意愿强烈,客车交通量总体呈现增长态势。

2023 年春节、劳动节和"中秋国庆"三个长假期,全国干线公路客车交通量均较 2022 年同期增长显著。开年以来,随着"乙类乙管"措施落地见效,春节假期群众"补偿式"返乡出行及旅游出行需求旺盛,客车交通量较 2022 年同期增长 17%,较 2021 年同期增长 25%。劳动节期间,公众出行出游热情高涨,日均断面客车交通量达到 9392pcu/日,较 2022 年同期增长 70%,较 2021 年同期增长 7%。"中秋国庆"因 8 天连休,公众出行意愿得到充分释放,假期路网客车交通量较 2022 年、2021 年国庆节同期分别增长 34%、13%。

2021—2023 年三个长假期全国干线公路客车交通量变化情况如图 8-1 所示。

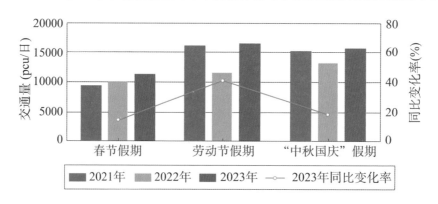

图 8-1 2021—2023 年全国干线公路客车交通量变化情况

(2)长假期货车交通量较假期前有所下降。

2023 年,全国干线公路货车交通量在春节、劳动节、"中秋国庆"三个长假期间均有所下降,与假期前相比,降幅分别为41%、15%、22%,长假期间货车避峰出行现象显著。

8.2 春　节

春节期间,全国干线公路交通量为11114pcu/日,较节前五天下降9%,其中货车交通量下降超过四成。与2022年春节同期相比,交通量增长14%;与2021年春节同期相比,交通量增长18%。

(1)全国干线公路交通量春节期间呈现"去程分散,返程集中"特点。

自农历小年后,返乡出行逐渐增加,相对分散;除夕、初一因举家团圆,路网交通量处于假期低谷水平;自初二起,因探亲访友、假日游玩等缘由迎来出行高峰,随后路网交通量增速放缓;初六返程出行相对集中,路网交通量达到假期峰值,当日交通量为15275pcu,约为2022年返程路网交通量的1.17倍。

2021—2023年春节假期全国干线公路交通量变化情况如图8-2所示。

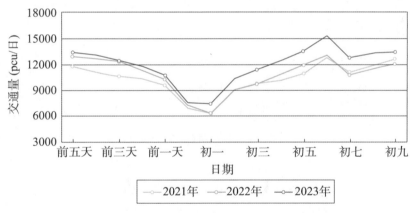

图8-2　2021—2023年春节假期全国干线公路交通量变化情况

(2)高速公路交通运行特征。

高速公路交通量较节前五天增长15%。与2022年春节同期相比,增长显著,同比增幅达到26%,其中以客车交通量增长为主;与2021年春节同期相比,增长38%,其中客车交通量增长近五成。

2021—2023年春节假期高速公路交通量变化情况如图8-3所示。

(3)普通国省道交通运行特征。

普通国省道交通量为7989pcu/日,较节前五天下降17%,主要以货车交通量下降为主,降幅超过四成。与 2022 年春节同期相比,交通量同比增幅为 7%。

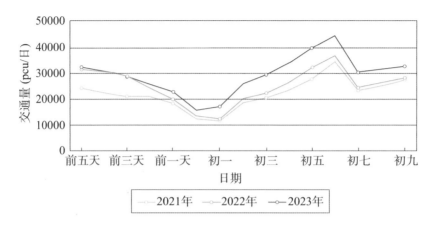

图 8-3　2021—2023 年春节假期高速公路交通量变化情况

2021—2023 年春节假期普通国省道交通量变化情况如图 8-4 所示。

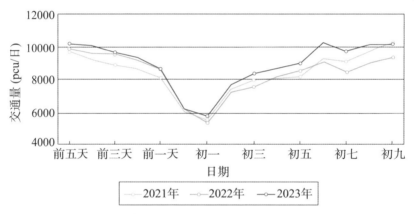

图 8-4　2021—2023 年春节假期普通国省道交通量变化情况

8.3　劳　动　节

劳动节期间,公众出行意愿强烈,全国干线公路交通量为 16483pcu/日,与节前五天相比增长显著,环比增幅达到 16%,其中,客车交通量环比上升 56%,货车交通量环比下降 15%。

(1)劳动节假期路网交通量同比增幅超过四成。

公众出行出游热情高涨,假期交通量达到近年同期最高水平,较 2022 年同期大幅增长,增幅达到 41%;与 2021 年劳动节同期相比,增幅为 3%。假期首日交通量达到 2022 年的 1.44 倍,随后持续处于高位,无明显低谷,假期间交通量达到

16483pcu/日。

2021—2023 年劳动节假期全国干线公路交通量变化情况如图 8-5 所示。

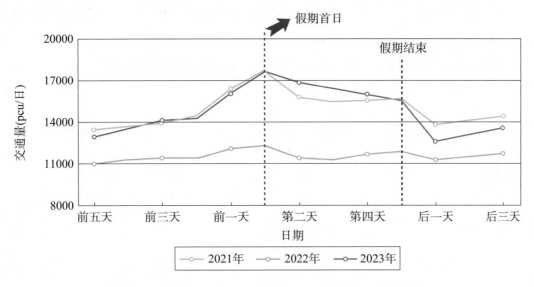

图 8-5　2021—2023 年劳动节假期全国干线公路交通量变化情况

（2）高速公路交通变化特征。

高速公路交通量较节前五天大幅增长,增幅达到五成。与 2022 年劳动节同期相比,同比增幅达到 69%,其中客车交通量同比增幅达到 149%;与 2021 年劳动节同期相比,交通量增长 4%。

2021—2023 年劳动节假期高速公路交通量变化情况如图 8-6 所示。

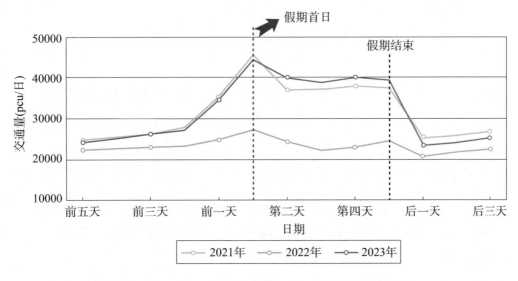

图 8-6　2021—2023 年劳动节假期高速公路交通量变化情况

（3）普通国省道交通变化特征。

普通国省道交通量较节前五天小幅增长,增幅为 3%,单日交通量峰值出现在假期首日,公众短途、周边出行特征显现。与 2022 年劳动节同期相比,交通量增长 30%;与 2021 年劳动节同期相比,交通量与之基本持平。

2021—2023 年劳动节假期普通国省道交通量变化情况如图 8-7 所示。

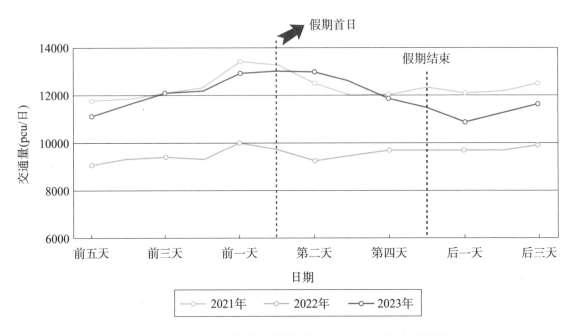

图 8-7　2021—2023 年劳动节假期普通国省道交通量变化情况

8.4　中秋节及国庆节

2023 年"中秋国庆"连休 8 天,全国干线公路交通量保持高位运行,交通量环比节前五天增长 16%,同比 2022 年国庆节假期增长 18%。

（1）路网交通量保持高位运行,首日出行高峰特征显现。

"中秋国庆"期间公众出行活力持续释放,全国干线公路交通量达到 15712pcu/日,与 2022 年国庆节假期相比,增长 18%;与 2021 年国庆节假期相比,增长 3%。首日出行高峰特征显现,交通量分别为 2022 年、2021 年的 1.14 倍、1.01 倍,返程车流相对分散。

2021—2023 年国庆节假期全国干线公路交通量变化情况如图 8-8 所示。

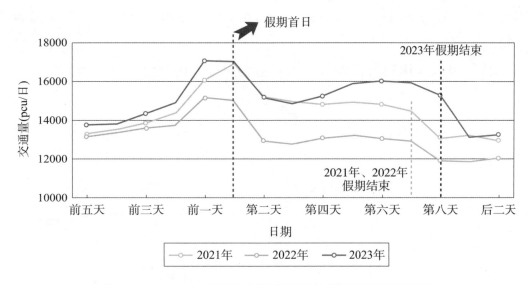

图 8-8　2021—2023 年国庆节假期全国干线公路交通量变化情况

（2）高速公路交通变化特征。

"中秋国庆"假期出行热潮叠加 2022 年同期路网交通低基数影响,高速公路交通量较 2022 年国庆节假期增长 32%。"中秋国庆"期间,客、货车交通量占比约为 70%：30%,其中客车占比较假期前扩大 24 个百分点。

2021—2023 年国庆节假期高速公路交通量变化情况如图 8-9 所示。

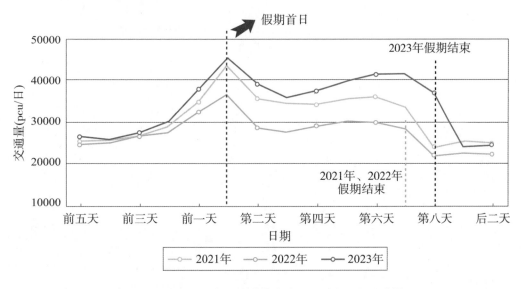

图 8-9　2021—2023 年国庆节假期高速公路交通量变化情况

（3）普通国省道交通变化特征。

"中秋国庆"期间,普通国省道交通量为 11724pcu/日,同比 2022 年国庆节假期增长 13%;环比假期前下降 5%,其中客车交通量增长 12%,货车交通量下降 20%。

2021—2023 年国庆节假期普通国省道交通量变化情况如图 8-10 所示。

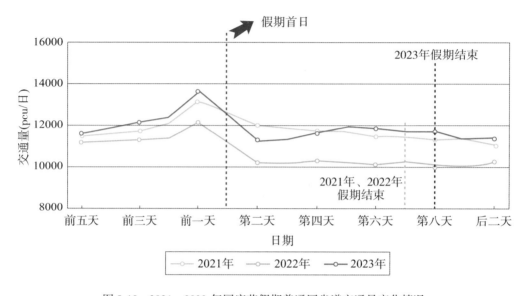

图 8-10　2021—2023 年国庆节假期普通国省道交通量变化情况

第9章　国家综合立体交通网主骨架公路网交通情况

　　根据《国家综合立体交通网规划纲要》,我国将打造由6条主轴、7条走廊、8条通道组成的国家综合立体交通网主骨架(表9-1、图9-1)。本章根据近年全国交调站监测主骨架公路网的交通量、行驶量等指标,跟踪评估交通情况。

主骨架6轴、7廊、8通道对应表　　　　　　　　　　　表9-1

轴	廊	通道
轴1:京津冀—长三角主轴	廊1:京哈走廊	通道1:绥满通道
轴2:京津冀—粤港澳主轴	廊2:京藏走廊	通道2:京延通道
轴3:京津冀—成渝主轴	廊3:大陆桥走廊	通道3:沿边通道
轴4:长三角—粤港澳主轴	廊4:西部陆海走廊	通道4:福银通道
轴5:长三角—成渝主轴	廊5:沪昆走廊	通道5:二湛通道
轴6:粤港澳—成渝主轴	廊6:成渝昆走廊	通道6:川藏通道
—	廊7:广昆走廊	通道7:湘桂通道
—	—	通道8:厦蓉通道

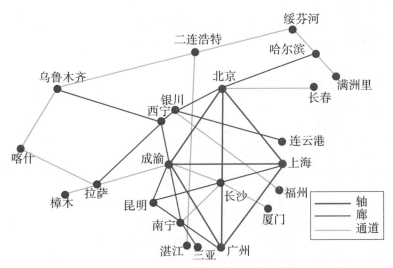

图9-1　公路主骨架6轴、7廊、8通道示意图

注:本图路线起始点仅为示意点。

9.1 交 通 量

总体来看,2023 年,6 轴的平均交通量为 24420pcu/日,同比增长 8.15%;其中京津冀—长三角主轴交通量 37038pcu/日,为 6 轴最大;京津冀—长三角主轴交通量同比增长最为明显,达 10.98%。7 廊的平均交通量为 19767pcu/日,同比增长 14.35%;其中大陆桥走廊交通量 24486pcu/日,为 7 廊最大;大陆桥走廊同比增长最为明显,增幅达 27.96%。8 通道的平均交通量为 15293pcu/日,同比增长 14.19%;其中湘桂通道交通量 35927pcu/日,为 8 通道最大;沿边通道同比增长最为明显,增幅达 41.65%。6 轴、7 廊、8 通道主骨架公路交通量变化见表 9-2、表 9-3、表 9-4。

6 轴主骨架公路交通量及变化表　　　　　　　　表 9-2

年份	交通量（pcu/日）						
	轴 1	轴 2	轴 3	轴 4	轴 5	轴 6	平均
2022 年	33373	25323	13303	26619	17249	19611	22580
2023 年	37038	26512	14390	28969	18779	20833	24420
同比（%）	10.98	4.70	8.17	8.83	8.87	6.23	8.15

7 廊主骨架公路交通量及变化表　　　　　　　　表 9-3

年份	交通量（pcu/日）							
	廊 1	廊 2	廊 3	廊 4	廊 5	廊 6	廊 7	平均
2022 年	19560	19570	19135	11532	21758	9716	19741	17287
2023 年	22792	22600	24486	12846	24093	10590	20966	19768
同比（%）	16.52	15.48	27.96	11.39	10.73	9.00	6.21	14.35

8 通道主骨架公路交通量及变化表　　　　　　　　表 9-4

年份	交通量（pcu/日）								
	通道 1	通道 2	通道 3	通道 4	通道 5	通道 6	通道 7	通道 8	平均
2022 年	8030	8555	6309	12532	17783	4884	32620	16431	13393

续上表

年份	交通量（pcu/日）								
	通道1	通道2	通道3	通道4	通道5	通道6	通道7	通道8	平均
2023年	9445	10534	8937	13631	19722	5842	35927	18306	15293
同比（%）	17.62	23.13	41.65	8.77	10.90	19.62	10.14	11.41	14.19

分客货看，2023年，6轴的平均货车比例为51.40%，其中京津冀—成渝主轴比例最高，为60.90%。7廊的平均货车比例为51.66%，其中京藏走廊的比例最高，为55.71%。8通道的平均货车比例为51.36%，其中沿边通道的比例最高，为64.85%。6轴、7廊、8通道主骨架公路货车比例见表9-5。

6轴、7廊、8通道主骨架公路货车比例（%）　　　　表9-5

分类	1	2	3	4	5	6	7	8	平均
轴	58.77	55.78	60.90	43.72	45.68	41.96	——		51.40
廊	49.45	55.71	51.98	42.57	46.90	44.63	38.90	——	51.66
通道	37.51	43.91	64.85	52.49	50.38	41.10	63.07	36.68	51.36

分公路等级看，在6轴中，京津冀—长三角主轴的高速公路交通量最大，达到45792pcu/日，占总体交通量的61.0%。在7廊中，沪昆走廊高速公路交通量最大，达到38352pcu/日。在8通道中，湘桂通道高速公路交通量最大，达到47948pcu/日，绥满通道普通公路交通量最小，为6949pcu/日。6轴、7廊、8通道主骨架高速公路分担比见表9-6。

6轴、7廊、8通道主骨架高速公路分担比（%）　　　　表9-6

分类	1	2	3	4	5	6	7	8	平均
轴	61	66	73	65	78	65	——		67
廊	66	65	63	67	72	76	60	——	67
通道	41	67	68	71	71	75	75	64	69

9.2　v/C

总体来看，2023年，6轴、7廊、8通道所在公路的平均v/C分别为0.599、

0.498、0.476。公路骨干网主轴上的道路通行压力普遍高于其他道路。在 6 个主轴中,长三角—粤港澳主轴和京津冀—粤港澳主轴的 v/C 最高,达到 0.720 和 0.625,京津冀—成渝主轴的 v/C 相对较低,仅为 0.524。6 轴、7 廊、8 通道主骨架 v/C 表见表 9-7。

6 轴、7 廊、8 通道主骨架 v/C 表 表 9-7

分类	1	2	3	4	5	6	7	8	平均
轴	0.561	0.625	0.524	0.72	0.577	0.587	—	—	0.599
廊	0.5	0.54	0.528	0.44	0.548	0.373	0.555	—	0.498
通道	0.456	0.31	0.343	0.457	0.541	0.454	0.743	0.505	0.476

9.3 行 驶 量

总体来看,2023 年,6 轴所在公路的行驶量占主骨架总行驶量的 47.2%,其中,京津冀—粤港澳主轴行驶量最高,京津冀—成渝主轴相对较低。7 廊所在公路的行驶量占主骨架总行驶量的 36.3%,其中,大陆桥走廊行驶量最高。8 通道所在公路的行驶量占主骨架总行驶量的 16.5%,其中,湘桂通道行驶量最高,绥满通道行驶量最低。6 轴、7 廊、8 通道主骨架行驶量表见表 9-8。

6 轴、7 廊、8 通道主骨架行驶量表 表 9-8

分类	1	2	3	4	5	6	7	8	总和
轴	12539	21265	3996	7638	6542	8802	—	—	60782
廊	4932	8281	10824	8266	6705	2869	4896	—	46773
通道	901	1206	2826	2873	3779	1108	5798	2714	21205

第 10 章　近五年全国干线公路交通情况

10.1　全国干线公路交通情况

（1）2019—2023 年全国干线、高速公路、普通国省道交通量变化情况。

近五年全国干线公路交通量呈现先波动下降，后上升回稳的变化趋势。2019 年 12 月新冠疫情暴发，干线公路交通量持续走低，较 11 月下降 2.6%，其中，高速公路交通量较 11 月下降 5.1%，普通国省道交通量较上月下降 1.8%，2020 年 2 月降至最低，后根据新冠疫情形势反复波动。截至 2022 年 11 月"新十条"疫情防控优化措施发布，全国干线公路交通情况转稳恢复正常运行，2023 年的春运出行需求旺盛，基本恢复至 2019 年同期规模。2019—2023 年全国分道路等级交通量及其变化情况如图 10-1 所示。

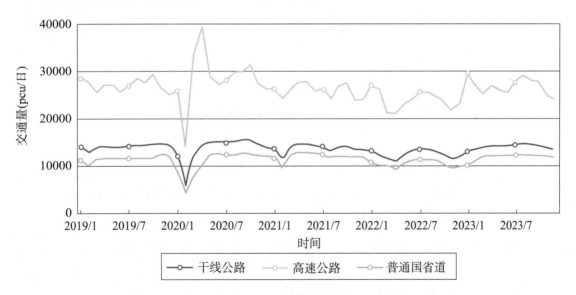

图 10-1　2019—2023 年全国分道路等级交通量及其变化情况

（2）新冠疫情前后全国干线公路交通量月变波动变化较大。

2019 年干线公路交通量受春节假期及国庆节假期影响，低谷集中于 1—2

月,高峰集中于 10—11 月。2020 年受新冠疫情暴发和后续"补偿式"出行的影响,交通量于 2 月降至近五年最低,10 月交通量显著高于全年平均水平。2021 年春节期间,因"就地过年"政策倡导,2 月交通量为全年低谷,但较上年显著回升,保持增长态势至 5 月创年内新高。2022 年新冠疫情常态化防控阶段,4 月处于低谷,后保持增长态势至 7 月创年内新高。2023 年交通量月度变化幅度较小,低谷集中于 1 月,高峰集中在 8 月。2019—2023 年干线公路分月交通量及其变化情况如图 10-2 所示。

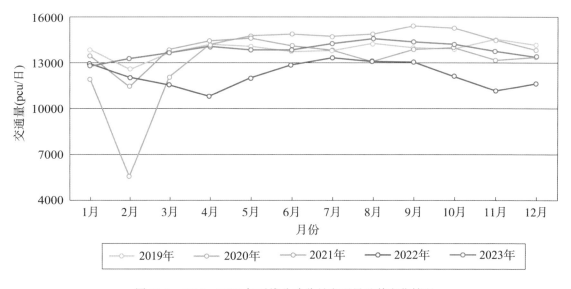

图 10-2　2019—2023 年干线公路分月交通量及其变化情况

10.2　高速公路客货交通量

2019—2023 年高速公路交通量受新冠疫情影响,呈现先下降后上升的"V"字形变化趋势,2023 年初是新冠疫情防控转段由降转增的关键转折点,高速公路交通量较 2019 年增长 1.1%,基本恢复到新冠疫情前水平。分客货来看,2023 年高速公路客车交通量较 2019 年增长 10.4%,已经恢复到新冠疫情前水平;货车交通量变化趋势与客车不同,较 2019 年下降明显,降幅达 6.3%,未恢复到新冠疫情前水平。2019—2023 年高速公路客货交通量变化情况如图 10-3 所示。

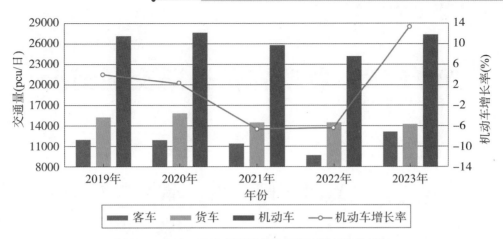

图 10-3　2019—2023 年高速公路客货交通量变化情况

10.3　普通国省道客货交通量

2019—2023 年普通国省道交通量呈现往复波动的变化趋势,总体上疫情防控转段后,2023 年交通量高于 2019 年水平,其中客车交通量较 2019 年上升 3.1%,货车交通量较 2019 年上升 7.5%。2020 年受新冠疫情影响,客车交通量较 2019 年下降 7.0%;2021 年客车交通量逐步上升,较 2020 年增长 6.3%;2022 年客车交通量下降幅度达近五年最大水平,降幅为 9.4%;2023 年疫情防控转段后,客车交通量显著上升,同比增幅为 15.1%。2019—2023 年普通国省道货车交通量变化趋势与客车保持一致。2019—2023 年普通国省道客货交通量变化情况如图 10-4 所示。

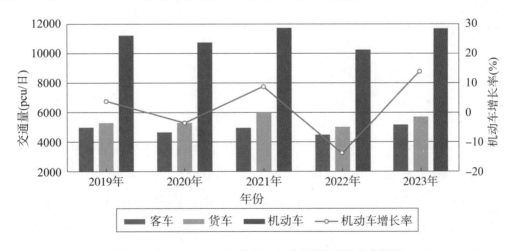

图 10-4　2019—2023 年普通国省道客货交通量变化情况

第 11 章　典型省份公路交通情况

11.1　陕　西　省

11.1.1　交通量总体情况

2023 年,全省干线公路交通量 16853pcu/日,较 2022 年增长 17.17%。其中,高速公路交通量 24037pcu/日,较 2022 年增长 18.14%;普通干线公路交通量 7653pcu/日,较 2022 年增长 11.2%。路网年度交通量统计见表 11-1。

路网年度交通量统计(pcu/日)　　　　　　　　　　表 11-1

年份	干线公路 AADT	道路类型		
		普通国道	普通省道	高速公路
2023 年	16853	8415	4957	24037
2022 年	14383	7584	4421	20347
增长率(%)	17.17	10.96	12.12	18.14

11.1.2　交通量主要特征

(1)交通组成。

全省干线公路继续呈现以客车为主的运行状况。路网交通量客车占比达 66.73%,较 2022 年增长 8.13 个百分点。不同行政等级公路客车占比涨幅不一,高速公路增幅最大,增长 10.38 个百分点;普通国道次之,增长 0.87 个百分点;普通省道最小,增长 0.82 个百分点。普通国道客车占比前三的线路为 G211、G520、G541,客车占比分别为 79.44%、77.34%、77.19%;国家高速公路客车占比前三的线路为 G3002、G4213、G6911,客车占比分别为 84.72%、82.42%、77.16%。

　　路网交通量货车占比为33.27%,较2022年下降8.13个百分点。能源大市榆林市干线公路货车占比较高,主要是运输煤炭、天然气等能源物资车辆持续增长,G20青银高速公路货车率为63.98%,其中大型和特大型货车占53.42%,集装箱车占0.82%;S15榆神高速公路货车占比为51.47%,其中大型和特大型货车占42.58%;普通国道G337、G242大型和特大型货车分别占53.28%、23.58%。路网客车占比统计见表11-2,路网汽车交通组成统计见表11-3。

路网客车占比统计

表11-2

道路类型	2023年(%)	2022年(%)	比重变化(%)
干线公路	66.73	58.60	8.13
普通国道	64.47	63.60	0.87
普通省道	75.28	74.46	0.82
高速公路	66.85	56.47	10.38

路网汽车交通组成统计(辆/日)

表11-3

年份	汽车交通量(自然数)(AADT)							合计
	小型货车	中型货车	大型货车	特大型货车	集装箱车	中小型客车	大型客车	
2023年	729	335	314	1866	70	6524	124	9962
2022年	626	300	270	1850	96	4360	88	7590
变化率(%)	16	12	16	1	−27	50	41	31

　　(2)线路分布。

　　全省干线公路交通量随线路、区域分布有所差异,主要原因包括地理位置、人口密度、经济结构、发展速度等因素。关中地区地势平坦、人口密集、大中城市较多、交通枢纽地位明显;陕北地区是全国重要的煤炭、石油、天然气能源产地,化工产业聚集;陕南地区地处秦巴山脉,地理环境条件一般,工业经济发展相对薄弱,因此关中、陕北地区交通量总体大于陕南地区。高速公路中交通量较大的G3002西安绕城高速公路、G30连霍高速公路、G40沪陕高速公路、G3021临兴高速公路、G70福银高速公路和普通国道G310、G108、G210、G312等均经过关中地区。

2023 年,普通国道交通量最大线路(G337)是最小路线(G541)的 22.28 倍,是普通国道年平均值的 3.96 倍,最小线路(G541)交通量是国道年平均值的 0.18 倍,详请可见表 11-4。

普通国道交通量最大和最小线路　　　　表 11-4

项目	线路名称	当量(pcu/日)	自然数(辆/日)	备注
最大	G337	33347	12790	—
最小	G541	1497	1423	—
普通国道平均	—	8415	—	所有观测路线

2023 年,普通省道交通量最大线路(S208)是最小线路(S201)的 33.59 倍,是普通省道年平均值的 4.32 倍,最小线路(S201)交通量是省道年平均值的 0.13 倍,见表 11-5。

普通省道交通量最大和最小线路　　　　表 11-5

项目	线路名称	当量(pcu/日)	自然数(辆/日)	备注
最大	S208	21428	18549	—
最小	S201	638	561	—
普通省道平均	—	4957	—	所有观测路线

2023 年,高速公路交通量最大线路(G3002)是最小线路(G6911)的 51.10 倍,是高速公路年平均值的 3.91 倍,最小线路(G6911)交通量是高速公路年平均值的 0.08 倍,见表 11-6。

高速公路交通量最大和最小线路　　　　表 11-6

项目	线路名称	当量(pcu/日)	自然数(辆/日)	备注
最大	G3002	93869	80180	—
最小	G6911	1837	1559	—
高速公路平均	—	24037	—	所有观测路线

(3)地市分布。

全省各地市辖管的普通干线公路中,交通量排前 3 位的分别是:渭南

（15589pcu／日）、榆林（11203pcu／日）、铜川（10346pcu／日），交通量较小的是安康（4437pcu／日）、商洛（2952pcu／日），渭南交通量分别是安康、商洛的 3.5 倍、5.3 倍。陕西省各地市交通量统计如图 11-1 所示。

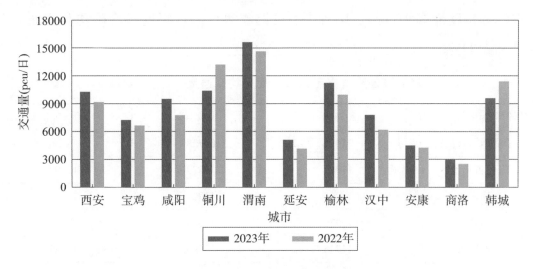

图 11-1　陕西省各地市交通量

客车交通量占比排名前 3 位的分别是安康（78.28%）、西安（75.02%）、汉中（74.74%），客车交通量占比较小的是延安（58.54%）、榆林（49.76%）。陕西省各地市客车交通量占比统计如图 11-2 所示。

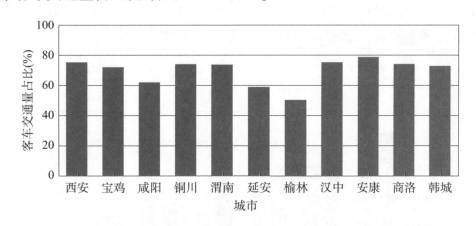

图 11-2　陕西省各地市客车交通量占比

11.1.3　省界出入口

本年度省界出入口运行中的交通调查站点共计 45 个（普通国省干线连续式站点 22 个，高速公路 ETC 门架设备 23 个），全省省界出入口站点年度日均交通量为 11123pcu/日,同比增长 18.05%。出入宁夏回族自治区的日均交通量最高(21321pcu/日),同比增长 2.88%;出入湖北省的日均交通量最低(4856pcu/日),同比增长 32.83%。省界出入口出入内蒙古自治区的拥挤度最高(0.80),出入湖北省的拥挤度最低(0.17)。国省干线公路省界出入口年度日均机动车交通量对比可见表 11-7。

国省干线公路省界出入口年度日均交通量对比(pcu/日)　　表 11-7

相邻省(自治区、直辖市)	2023 年	2022 年	变化率(%)
宁夏回族自治区	21321	20725	2.88
内蒙古自治区	17821	15779	12.94
河南省	13860	11904	16.43
山西省	13520	10576	27.84
四川省	11735	10323	13.68
甘肃省	6903	6001	15.03
湖北省	4856	3656	32.83
省界出入口日均	11123	9422	18.05

省界出入口观测站中与河南省相邻的渭南市—潼关省界收费站—秦东匝道站点日均交通量最高(72503pcu/日),与四川省相邻的汉中市—小毛垭站点日均交通量最低(740pcu/日)。

各省界出入口交通量情况如图 11-3 所示。

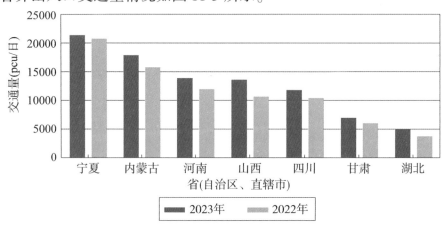

图 11-3　陕西省省界出入口交通量

11.2　江　苏　省

本节统计数据,采用交通量(自然数,单位:辆/日)。

11.2.1　运输通道

2023年,全省高速公路和普通国省道典型运输通道交通运行平稳,交通流量逐步恢复正常,各个通道流量同比均呈增长趋势。

京沪通道交通流量同比约翻两番。2023年,G2京沪高速沂淮江段改扩建施工完成,交通流量恢复,G2沂淮段和淮江段汽车交通量均超40000辆/日,同比增幅高达300%以上。

全省纵横向国省道流量呈现明显特征。全省6大纵横国省道运输通道汽车交通量约32637辆/日,其中横向国省道运输通道汽车交通量为35562辆/日,约是纵向通道汽车交通量(29502辆/日)的1.2倍。

国省道客货车流量占比有所变动。2023年,高速公路通道中,货车占比为26%,同比减少8.3个百分点;普通国省道通道中,客车占比为62.4%,同比增加0.1个百分点。

2023年国省道运输通道分段流量统计见表11-8,2023年普通国省道通道占比统计见表11-9。

2023年国省道运输通道分段流量统计　　　　　　表11-8

通道走向	通道名称	代表线路	断面流量(辆/日)			同比变化率(%)		
			合计	客车	货车	合计	客车	货车
纵向	京沪通道 (沂淮段)	G205 沂淮段	18641	11791	6850	5.6	15.8	−8.4
		G2 沂淮段	42410	25387	17023	395.7	455.0	327.6
	京沪通道 (淮江段)	G233 淮江段	19271	8385	10886	56.6	47.8	64.2
		G2 淮江段	62340	44361	17979	304.4	334.5	245.2
	沿海通道	G204 连通段	13960	8139	5821	18.1	17.5	19.1
		G228 连通段	9805	4300	5505	16.3	9.6	22.2
		G15 连通段	42071	27601	14470	6.2	28.7	−20.4

通道走向	通道名称	代表线路	断面流量(辆/日)			同比变化率(%)		
			合计	客车	货车	合计	客车	货车
横向	G328 通道(北沿江)	G328 宁通段	22789	16643	6145	23.0	25.1	17.8
		G40 宁扬段、S28 启扬段	28675	23108	5567	52.9	66.7	13.8
	宁沪通道	G312 宁沪段	31273	21244	10029	21.7	25.5	14.3
		G42 宁沪段	109143	89002	20141	37.1	49.5	0.4
	陇海通道	G310 连徐段	12876	8204	4672	21.9	16.9	31.9
		G311 连徐段	14822	8990	5832	12.0	4.6	25.8
		G30 连徐段	19342	14592	4750	32.6	55.4	−8.6

2023 年普通国省道通道占比统计(%)　　表 11-9

通道走向	通道名称	代表线路	汽车	客车	货车
纵向	京沪通道(沂淮段)	G205 沂淮段	30.5	31.7	28.7
	京沪通道(淮江段)	G233 淮江段	23.6	15.9	37.7
	沿海通道	G204、G228 连通段	36.1	31.1	43.9
横向	G328 通道	G328 宁通段	44.3	41.9	52.5
	宁沪通道	G312 宁沪段	22.3	19.3	33.2
	陇海通道	G310、G311 连徐段	58.9	54.1	68.9

11.2.2　过江通道

截至 2023 年底,长江江苏段现有 16 座过江桥隧和 11 处过江汽渡(江阴汽渡与靖江汽渡合并,2023 年 7 月 5 日通常汽渡停航),桥隧中有 9 座联网公路桥、4 座非联网公路桥、3 处过江隧道,分布在长江南京段、扬镇段、常锡段和苏通段。

南京段过江通道流量占总过江流量比例超六成。2023 年,全省过江通道日均总流量约 107.0 万辆/日。其中,联网公路桥、非联网公路桥隧和长江汽渡日均流量分别为 47.3 万辆/日、56.0 万辆/日和 3.5 万辆/日,占比分别为 44.3%、52.4%、3.3%;长江南京段、扬镇段、常锡段、苏通段日均流量分别为 64.6 万辆/日、14.6 万辆/日、11.1 万辆/日、16.6 万辆/日,分别占总流量的 60.5%、13.6%、10.4%、15.5%。2023 年全省过江通道日均流量统计见表 11-10,2023 年全省过江通道流量分布图如图 11-4 所示。

2023 年全省过江通道日均流量统计(辆/日)　　　表 11-10

通道类型	南京段	扬镇段	常锡段	苏通段	合计
联网公路桥	84903	130885	98333	158962	473083
非联网公路桥隧	560498	—	—	—	560498
过江汽渡	1145	14811	12392	7034	35382
全断面合计	646546	145696	110725	165996	1068963

注:本报告所指联网公路桥为润扬大桥、江阴大桥、苏通大桥、沪苏通大桥、大胜关大桥(长江三桥)、崇启大桥、泰州大桥、栖霞山大桥(长江四桥)、五峰山大桥;非联网公路桥隧为南京长江大桥、八卦洲大桥(长江二桥)、应天大街隧道(南京长江隧道)、定淮门隧道(扬子江隧道)、江心洲大桥、上坝夹江大桥、燕子矶长江隧道。

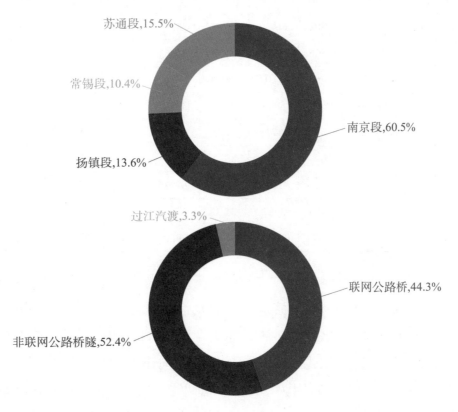

图 11-4　2023 年全省过江通道流量分布图

高速公路过江客车流量同比增幅较大。2023 年,高速公路跨江桥汽车交通量为 53.3 万辆/日,占过江桥隧日均流量的 51.6%,同比增长 28.4%。其中,客车过江流量为 38.6 万辆/日,占比 72.5%,同比增长 39.0%;货车过江流量为 14.7 万辆/日,占比 27.5%,同比增长 6.8%。长江江苏段目前交通流量占比最高的两座大桥分别为江阴大桥和苏通大桥,分别占比 18.5%、17.6%。各个过江通道中,受京沪高速公路沂淮江段全面通车影响,五峰山大桥增幅最大,达 136.5%,受燕子矶长江隧道开通影响,八卦洲大桥过江流量同比下降,降幅为 24.8%。

2023 年高速公路跨江桥梁日均流量变化统计见表 11-11。

2023 年高速公路跨江桥梁日均流量变化统计 表 11-11

通道名称	日均流量(辆/日)			同比变化率(%)			通道占比(%)		
	汽车	客车	货车	汽车	客车	货车	汽车	客车	货车
大胜关大桥	43174	26106	17068	39.2	68.8	9.7	8.1	6.8	11.6
八卦洲大桥	59969	47196	12773	−24.8	−26.2	−19.2	11.3	12.2	8.7
栖霞山大桥	41728	30302	11426	29.4	48.3	−3.4	7.8	7.8	7.8
润扬大桥	51214	35506	15708	21.2	44.0	−10.7	9.6	9.2	10.7
五峰山大桥	41270	29463	11807	136.5	147.2	113.4	7.7	7.6	8.1
泰州大桥	38400	29554	8846	28.4	39.4	1.6	7.2	7.6	6.0
江阴大桥	98333	73616	24717	47.7	60.7	19.1	18.5	19.1	16.9
沪苏通大桥	41635	32684	8951	30.0	42.8	−2.2	7.8	8.5	6.1
苏通大桥	93875	62252	31623	41.3	67.2	8.3	17.6	16.1	21.6
崇启大桥	23452	19765	3687	34.0	37.6	17.1	4.4	5.1	2.5
合计	533050	386444	146606	28.4	39.0	6.8	100.0	100.0	100.0

过江汽渡流量同比增幅较大。全省 12 座汽渡累计渡运量为 1291.5 万辆(含已永久停航的通常汽渡 1—6 月渡运量),日均渡运量为 35382 辆/日,占全部过江流量的 3.3%,同比增长 38.7%。从月度流量看,各月份流量呈稳定变化趋势,波动较小。除 1 月流量同比下降外,其余月份流量同比均增长,其中 4 月同比增幅最大,达到 946.3%,主要原因为 2022 年同期受新冠疫情影响轮渡流量较低。2023 年全省过江汽车日均流量图如图 11-5 所示,2023 年全省长江汽渡流量汇总表见表 11-12。

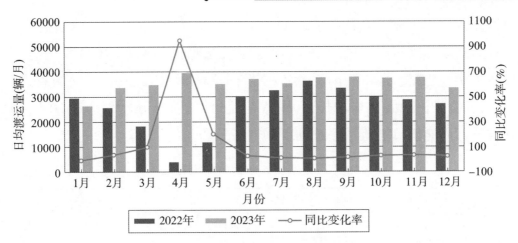

图 11-5　2023 年全省过江汽渡日均流量图

2023 年全省长江汽渡流量汇总表　　　　　表 11-12

序号	汽渡名称	日均渡运量(辆/日)	同比变化率(%)
1	板桥汽渡	1145	10.7
2	镇扬汽渡	8113	38.2
3	五峰山汽渡(原大港汽渡)	5083	39.2
4	高港—扬中汽渡	1615	55.6
5	七圩—圩塘汽渡	5443	66.6
6	夹港—利港汽渡	2536	71.6
7	江阴—靖江汽渡	4412	−1.5
8	如皋—张家港汽渡	1639	47.7
9	通沙汽渡	1654	84.5
10	通常汽渡	606	−33.6
11	海门—太仓汽渡	2474	82.9
12	崇海汽渡	662	54.2
	合计	35382	38.7

注:通常汽渡于 2023 年 7 月 5 日永久停航,统计数据为 2023 年 1—6 月。

11.2.3　省界节点

　　截至 2023 年底,江苏省与周边省份共有 88 个国省道省界通道布设了路网监测设施,其中高速公路 25 个、普通国省道 63 个。

　　省界通道交通流量增幅较大。2023 年,全省国省道省界通道日均流量为 161.1 万辆/日,同比增长 39.4%。其中,高速公路为 97.1 万辆/日,同比增长 44.2%;普通国省道为 64.0 万辆/日,同比增长 32.8%。

省界高速公路客车流量、普通国省道货车流量增长明显。2023 年,高速公路省界通道中,货车流量略有下降,客车流量同比增幅达 75.2%;普通国省道省界通道中,客货车流量同比均增长,其中货车流量同比增幅较大,达 41.0%。2023年国省道省界通道日均流量汇总见表 11-13。

2023 年国省道省界通道日均流量汇总 表 11-13

省界通道		日均流量（辆/日）			同比变化率（%）		
		合计	客车	货车	合计	客车	货车
苏鲁省界	高速公路	132597	67888	64709	24.1	78.4	−5.9
	普通国省道	176716	88991	87725	60.7	50.2	73.0
	小计	309313	156879	152434	42.7	61.2	27.6
苏皖省界	高速公路	243729	179880	63849	33.5	55.5	−4.6
	普通国省道	291782	192022	99760	32.6	33.4	31.1
	小计	535511	371902	163609	33.0	43.2	14.4
苏浙省界	高速公路	260350	181194	79156	35.6	60.3	0.3
	普通国省道	48113	29608	18505	−6.3	−12.9	6.5
	小计	308463	210802	97661	26.8	43.4	1.5
苏沪省界	高速公路	334134	265346	68788	74.1	105.0	10.0
	普通国省道	123912	87013	36899	22.6	19.3	31.4
	小计	458046	352359	105687	56.3	74.1	16.6
省界合计	高速公路	970810	694308	276502	44.2	75.2	−0.2
	普通国省道	640523	397634	242889	32.8	28.2	41.0
	小计	1611333	1091942	519391	39.4	54.6	15.6

11.3 新疆维吾尔自治区

本节统计数据,采用交通量(自然数,单位:辆/日)。

11.3.1 交通量特征

(1)区域分布。

北疆地区干线公路交通量为 7283 辆/日,同比增长 40.8%;东疆地区干线公路交通量为 13657 辆/日,同比增长 55.7%;南疆地区干线公路交通量为 7313 辆/日,同比增长 39.6%;自治区直辖县地区干线公路交通量为 9124 辆/日,同比增长 33.2%。新疆维吾尔自治区分区域交通量见表 11-14。

新疆维吾尔自治区分区域交通量　　　　　　表 11-14

区域	交通量(辆/日)	同比变化率(%)
北疆地区	7283	40.84
东疆地区	13657	55.74
南疆地区	7313	39.56
自治区直辖县地区	9124	33.19

(2)地州(市)分布。

干线公路车流量较大的地区主要集中在哈密地区、吐鲁番市、乌鲁木齐市、昌吉回族自治州、阿克苏地区、自治区直辖县级行政区划(石河子市、阿拉尔市、图木舒克市、五家渠市),交通量分别为 14359 辆/日、13605 辆/日、13578 辆/日、12664 辆/日、10636 辆/日、9092 辆/日。

(3)南北疆主要通道。

南北疆连接通道 G216、G217、G218、G3012 机动车日平均交通量分别为 7460 辆/日、6978 辆/日、7085 辆/日和 16026 辆/日,同比分别增长 37%、48.7%、16.2% 和 20.5%。

11.3.2　进出疆出入口

2023 年公路三大进出疆通道出入口通行车辆合计 964.80 万辆次,同比增长 33.0%。

分车辆类型看,进出疆车辆主要以六类货车为主。货车合计 759.22 万辆次,同比增长 26.4%,占三大进出疆通道通行车辆的 78.7%,其中六类货车在货车中的占比达 82.9%。客车合计 205.60 万辆次,同比增长 65.2%,占三大进出疆通道通行车辆的 21.3%。

分出入口看,G30 线的主通道地位进一步巩固。G7 线明水西出入口通行车辆合计 289.97 万辆次,同比增长 11.8%,占三大进出疆通道通行车辆的 30.1%,

占比回落 5.7 个百分点;G30 线星星峡出入口通行车辆合计 558.66 万辆次,同比增长 50.1%,占三大进出疆通道通行车辆的 57.9%,占比提升 6.6 个百分点;G0612 线依吞布拉克出入口通行车辆合计 116.16 万辆次,同比增长 24.1%,占三大进出疆通道通行车辆的 12%,占比回落 0.9 个百分点。进出疆出入口车辆通行量见表 11-15。

进出疆出入口车辆通行量(万辆次)　　　　　　　　表 11-15

进出疆出入口	2023 年	2022 年	同比变化率(%)
G7 线明水西出入口	289.97	259.38	11.8
G30 线星星峡出入口	558.66	372.28	50.1
G0612 线依吞布拉克出入口	116.16	93.57	24.1
合计	964.80	725.22	33.0

11.3.3　进出境出入口

2023 年公路进出境通道车辆总通行量合计 62.03 万辆次,同比增长 74%,达到近 5 年来最高值。其中货运车辆 59.69 万辆次,同比增长 67.5%,是 2019 年同期的 2.2 倍;客运车辆 2.34 万辆次,是 2019 年同期的 1.5 倍。2019—2023 年进出境通道通行量如图 11-6 所示。

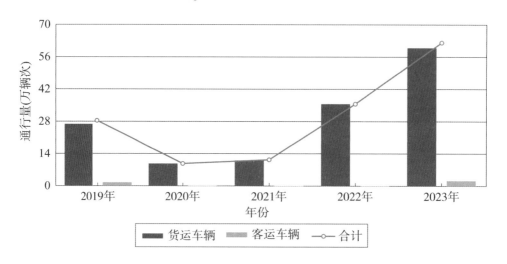

图 11-6　2019—2023 年进出境通道通行量

附录

附录 1　数据采集情况

本章节就报告选取的自动化交通调查站数量、分布以及覆盖率等方面展开描述。

1. 调查站样本数量

本报告选取的干线公路自动化交通调查站点数量为 8122 个,其中,高速公路站点数为 1508 个,占比为 18.6% ;普通国道站点数为 4104 个,占比 50.5% ;普通省道站点数为 2510 个,占比为 30.9% 。

2. 调查站点分布

本报告中,山东、江苏、江西、湖北、广东等省选取的自动化交通调查站点总量较多。具体数据见附表 1-1。

2023 年自动化交通调查站数量排名前 5 位省份　　　　　　　　附表 1-1

省份	站点数量	省份	站点数量
山东省	571	湖北省	523
江苏省	542	广东省	480
江西省	524		

3. 调查覆盖率

本报告中,干线公路观测里程覆盖率为 24.5% ,其中,高速公路、普通国道、普通省道覆盖率分别为 16.4%、40.0%、16.9% 。具体数据见附表 1-2。

2023 年全国干线公路自动化覆盖率情况　　　　　　　　附表 1-2

路网	通车里程 (万 km)	观测里程 (万 km)	覆盖率 (%)
干线公路	78.81	19.28	24.5
高速公路	18.36	3.02	16.4
普通国道	26.18	10.48	40.0
普通省道	34.27	5.78	16.9

附录2 计 算 方 法

1. 交通量

交通量又称交通流量、车流量。指单位时间内通过公路某断面的交通实体数。

(1)根据计算方法不同,分为自然量和当量。

自然量,是指将各类型自然车辆数算数求和,单位为辆/日,例如:

汽车自然量 = 小型货车自然量 + 中型货车自然量 + 大型货车自然量 + 特大型货车自然量 + 集装箱自然量 + 中小型客车自然量 + 大型客车自然量

当量,也称折算交通量,是指将各类型自然车辆数按车型换算系数换算成标准小客车的交通量,单位为 pcu/日。

(2)平均交通量。

年平均日交通量(AADT)。

$$AADT = \frac{1}{365} \sum_{i=1}^{365} Q_i$$

月平均日交通量(MADT)。

$$MADT = \frac{\text{一个月的日交通量总和}}{\text{本月的天数}}$$

周平均日交通量(WADT)。

$$WADT = \frac{1}{7} \sum_{i=1}^{7} Q_i$$

如无特别说明,本报告中的交通量均指年平均日交通量,请读者注意选择使用。

2. 车型分类与折算系数

车型划分标准见附表2-1。

车型划分标准 附表 2-1

车型	一级分类	二级分类	额定荷载参数	轮廓及轴数特征参数	备注
汽车	小型车	中小客车	额定座位≤19 座	车长＜6m,2 轴	
		小型货车	载质量≤2t		包括三轮载货汽车
	中型车	大客车	额定座位＞19 座	6m≤车长≤12m,2 轴	
		中型货车	2t＜载质量≤7t		包括专用汽车
	大型车	大型货车	7t＜载质量≤20t	6m≤车长≤12m,3 轴或 4 轴	
	特大型车	特大型货车	载质量＞20t	车长＞12m 或 4 轴以上;且车高＜3.8m 或车高＞4.2m	
		集装箱车		车长＞12m 或 4 轴以上;且 3.8m≤车高≤4.2m	
摩托车	摩托车		发动机驱动		包括轻便、普通摩托车
拖拉机	拖拉机				包括大、小拖拉机

各种车型当量车换算系数见附表 2-2。

各种车型当量车换算系数 附表 2-2

车型	汽车							摩托车	拖拉机
一级分类	小型车		中型车		大型车	特大型车		摩托车	拖拉机
二级分类	中小客车	小型货车	大型客车	中型货车	大型货车	特大型货车	集装箱车	摩托车	拖拉机
参考折算系数	1	1	1.5	1.5	3	4	4	1	1

注:交通量折算采用中小型客车为标准车型。

3. v/C 比值

《公路工程技术标准》(JTG B01—2014)采用 v/C 值来衡量拥堵程度,作为评价服务水平的主要指标。在实际计算时,v 采用断面交通量折算值,C 为公路的基准通行能力。路线 v/C 值是在各路段 v/C 值基础上,按观测里程取加权平均值。

4. 在途车辆数

$$在途车辆数 = \frac{自然量}{地点车速} \times 公路网里程$$

5. 交通组成

汽车交通量(自然数)交通组成是指将汽车中各种车型交通量(自然数)占汽车交通量(自然数)的百分比。

6. 通行能力

基准通行能力是指在道路和交通都处于理想条件下,由技术性能相同的一种标准车,以最小的车头间距连续行驶的理想交通流,在单位时间内通过道路断面的最大车辆数。各技术等级公路基准通行能力参考值见附表2-3。

各技术等级公路基准通行能力参考值　　　　　　　附表2-3

技术等级	高速公路			一级公路		二级公路	三级公路	四级公路
车道数/设计速度(km/h)	八车道	六车道	四车道	六车道	四车道	80	60	40
基准通行能力(pcu/日)	130000	100000	65000	75000	50000	17000	15000	14000

路线基准通行能力是在各路段基准通行能力基础上,按观测里程取加权平均计算得到。

7. 交通量分级

本报告采用的交通量水平分级标准见附表2-4。

交通量水平划分标准　　　　　　　附表2-4

交通量分级	交通量
一级	$v \leq 2000$
二级	$2000 < v \leq 6000$
三级	$6000 < v \leq 15000$
四级	$15000 < v \leq 30000$
五级	$30000 < v \leq 55000$
六级	$v > 55000$

8.服务水平分级

本报告采用的服务水平分级标准见附表2-5。

服务水平划分标准   附表 2-5

服务水平分级	高速公路	普通公路
一级	$v/C \leqslant 0.35$	$v/C \leqslant 0.30$
二级	$0.35 < v/C \leqslant 0.55$	$0.30 < v/C \leqslant 0.50$
三级	$0.55 < v/C \leqslant 0.75$	$0.50 < v/C \leqslant 0.70$
四级	$0.75 < v/C \leqslant 0.90$	$0.70 < v/C \leqslant 0.90$
五级	$0.90 < v/C \leqslant 1.00$	$0.90 < v/C \leqslant 1.00$
六级	$v/C > 1.00$	$v/C > 1.00$

9.时间分布特征

(1)16h/12h 系数。

$$16h \text{ 系数} = \frac{16h \text{ 交通量}}{24h \text{ 交通量}}$$

$$12h \text{ 系数} = \frac{12h \text{ 交通量}}{24h \text{ 交通量}}$$

(2)月变系数。

$$K_{月} = \frac{\text{AADT}}{\text{MADT}}$$

10.方向分布特征

$$方向不均匀系数 = \frac{\text{主要方向交通量}}{\text{断面交通量}}$$

11.高速公路分担率

高速分担率是高速公路的交通量占高速公路和平行国道的总交通量的比例。

$$高速分担率 = \frac{\text{高速公路交通量}}{\text{高速公路交通量} + \text{平行国道交通量}}$$